Zu diesem Buch

Nasreddin Hodscha, 1208 in dem westanatolischen Dorf Horto bei Sivrihisar geboren, bekleidete dort die von seinem Vater ererbte Würde eines Imams. 1237 siedelte er nach Aksehir über, wo er im Jahr 683 mohammedanischer Zeitrechnung (1284/85) starb.
Jahrhundertelang wurden die Schwänke und Anekdoten dieses «Volksphilosophen» ausschließlich mündlich überliefert. Etwa dreihundert dieser Geschichten werden ihm zugeschrieben. Die älteste Handschrift, die sich heute im Besitz der Leidener Universität befindet, stammt aus dem Jahr 1625. Seitdem hat das Werk Nasreddin Hodschas in Hunderten von Ausgaben und den verschiedensten Kulturkreisen Verbreitung gefunden.

Nasreddin Hodscha

Wer den Duft des Essens verkauft

Schwänke und Anekdoten des türkischen Eulenspiegel

Deutsch von
Herbert Melzig

rororo

Rowohlt

7.–12. Tausend August 1995

Ausgewählt von Herbert Melzig

Veröffentlicht im Rowohlt Taschenbuch Verlag GmbH,
Reinbek bei Hamburg, Oktober 1988
Dieser Titel erschien 1988
in der Reihe «Rowohlt Jahrhundert»

Umschlaggestaltung Susanne Müller
Gesamtherstellung Clausen & Bosse, Leck
Printed in Germany
1290-ISBN 3 499 13641 4

Nasreddin Hodscha
Wer den Duft des Essens verkauft

Als man den Hodscha fragte, welche Musik er am meisten liebe, antwortete er: «Die der Teller und der Schüsseln.»

Auf der Reise in ein fernes Land kam ein Kaufmann abends zu einer Raststätte an der Karawanenstraße. Der Besitzer dieser Karawanserei bewirtete ihn mit einem Huhn, zwei Eiern und einem halben Laib Brot und versorgte desgleichen sein Pferd, dem er eine Raufe Heu gab. Da der Kaufmann schon am nächsten Morgen zu früher Stunde aufzubrechen beabsichtigte, sagte er zu dem Besitzer der Karawanserei: «Ich bezahle, wenn ich auf der Rückreise wieder hier absteige.»

Nach drei Monaten fand sich der Kaufmann wieder in der Karawanserei ein, wo ihm der Wirt abermals ein Huhn und zwei Eier vorsetzte und seinem Pferd eine Raufe Heu zukommen ließ. Als sich der Kaufmann am nächsten Tag zur Abreise rüstete, sagte er zum Besitzer der Karawanserei:

«Nun sag, lieber Herbergsvater, was ich dir schuldig bin.»

«Du hast eine ganz schöne Rechnung zu bezahlen, mein Freund, aber ich denke, du bist nicht kleinlich und wir werden miteinander zu Rande kommen. Lege also 200 Silbertaler auf den Tisch und zieh frohgemut deines Wegs!»

Der Kaufmann, der den Wert des Geldes kannte und wußte, wie schwer es zu verdienen ist, war durch diese Eröffnung nicht wenig verblüfft.

«Das ist doch nicht möglich, lieber Herbergsvater, ich glaube fast, du hast den Verstand verloren. Oder ist es etwa deine Absicht, mich hereinzulegen? Für zwei Hühner und vier Eier kannst du doch nie und nimmer 200 Silbertaler verlangen! Was soll dieser Scherz?» fragte der Kaufmann.

«Es ist beileibe kein Scherz», entgegnete der Karawansereibesitzer. «Ich sagte dir ja gleich, daß es eine schöne Rechnung geworden ist. Entschuldige, wenn ich etwas weitschweifig werde. Ich hoffe zuversichtlich, daß du dann einsehen wirst, wie recht und billig meine Forderung ist.

Das Huhn, das du vor drei Monaten verzehrt hast, hätte jeden Tag ein Ei gelegt. Die Summe der Eier ist leicht zu errechnen. Aus diesen Eiern wären, hätte man sie ausbrüten lassen, eine entsprechende Anzahl Küken geschlüpft. Ich brauche nicht zu beweisen, daß aus Küken Hühner werden und diese mich mit einem schönen Eiersegen bedacht hätten. Rechne ich das Huhn und die Eier, die du bei deiner Rückkehr verzehrt hast, hinzu, ergibt sich eine Eierzahl, die mir nach drei Jahren zu einer hübschen Hühnerfarm verholfen hätte. Ein Gewinn von vielen hundert Silbertalern ist mir also entgangen. Daran wirst du sicher nicht zweifeln wollen. Ich begnüge mich mit 200 Silbertalern, um bei dem Geschäft nicht noch draufzuzahlen. Das ist alles!»

Da sich die beiden nicht einig werden konnten, kam die Sache vor Gericht.

«Hast du mit dem Karawansereibesitzer seinerzeit einen Preis für die Hühner und die Eier vereinbart?» fragte der Richter den Kaufmann.

«Nein», entgegnete dieser. «Es handelte sich doch nicht um hochwertige Waren. Überdies war der Karawansereibesitzer einverstanden, daß ich bei meiner Rückkehr bezahle.»

«Als dir bei deiner Rückkehr erneut ein Huhn und Eier vorgesetzt wurden, wäre es doch am Platz gewesen, nach dem Preis zu fragen. Hast du das getan?» forschte der Richter weiter.

«Nein!» lautete die Antwort des Kaufmanns.

«Der Tag der Rückkehr, oder besser, ein fester Zahlungstermin, war also nicht vereinbart?» fragte der Richter erneut und verurteilte den Kaufmann, als dieser abermals eine verneinende Antwort gab, zur Zahlung von 200 Silbertalern an den Besitzer der Karawanserei. Alle seine Einwände wurden zurückgewiesen.

Ein Mann, der Mitleid mit ihm hatte, verwies ihn hierauf an Nasreddin Hodscha. Dieser erreichte es auch, daß die Sache ein zweites Mal verhandelt wurde. Allein der gute Hodscha versäumte absichtlich den Termin und erschien nicht zur festgesetzten Stunde im Gerichtssaal. Der Richter vertagte die Verhandlung für einige Stunden und ließ schließlich den Hodscha vorführen.

«Unverschämter! Wie kannst du es wagen, das hohe Gericht warten zu lassen?» fuhr ihn der Richter zornig an.

«Hört mich bitte in Ruhe an, Euer Ehren!» entgegnete der Hodscha. «Ich war gerade im Begriff, mich zur Verhandlung zu begeben, als mein Teilhaber auftauchte. Ich hatte ihn zu mir beordert, weil ich ihn daran hindern wollte, gewöhnlichen Weizen auszusäen. Ich ging in den Getreidespeicher und füllte einige Säcke mit herrlichem Saatgut, das ich bereits abgekocht hatte, um Weizengrieß daraus zu machen. Die Angelegenheit, die mich abhielt, hier pünktlich zu erscheinen, war vordringlich. Das wird auch Euer Ehren einleuchten, zumal wenn Ihr erfahrt, daß es für mich darum ging, mit dem besten Saatgut hohe Ernteerträge zu erzielen.»

«Habt ihr diesen Unsinn gehört?» rief der Richter, zu den Beisitzern gewandt. «Da will dieser Mann gekochten Weizen aussäen lassen! Kann eine solche Saat je aufgehen?»

«Können gebratene Hühner Eier legen und aus gekochten Eiern Küken schlüpfen?» entgegnete der Hodscha und gewann den Prozeß.

In Sivrihisar, der Heimat unseres Hodscha, lebte ein Kadi, der wegen seiner Trunksucht berüchtigt war. Eines Tages schlummerte dieser Kadi weinselig in seinem Garten. Sein Turban und sein Pelzrock lagen am Boden. Zufällig kam unser Hodscha mit einigen Schülern des Wegs. Als er den Kadi in betrunkenem Zustand erblickte, hob er dessen Pelzrock auf, zog ihn an und entfernte sich.

Schließlich erwachte der Kadi aus seinem Rausch und vermißte seinen Pelzrock. Er rief den Gerichtsdiener zu sich. «Geh unter die Leute», befahl er ihm, «und erkunde, wer sich den Pelzrock angeeignet hat. Der Dieb ist mir vorzuführen!»

Der Gerichtsdiener entdeckte tatsächlich den Pelzrock am Leib unseres Hodscha und schleppte diesen vor den Kadi, als er gerade eine Gerichtsverhandlung leitete.

«Gestern ging ich mit einigen Schülern spazieren», gestand der Hodscha. «Da sah ich in einem Garten einen Mann liegen, den ein Turban zierte. Er hatte gekotzt und schlief. Ich aber nahm den Pelzrock in Verwahrung. Ich bin in der Lage, Beweise vorzulegen und Zeugen zu benennen. Sobald sich der Besitzer des Pelzrocks meldet, bekommt er ihn von mir zurück.»

«Wer weiß, welchem Liederjan der Pelzrock gehören mag. Er kleidet dich übrigens vortrefflich. Ich befasse mich nicht weiter mit dieser Angelegenheit», entgegnete der Kadi.

Als Kind tat unser Hodscha immer das Gegenteil von dem, was ihm sein Vater anbefahl. Sein Vater suchte dieser Widersetzlichkeit dadurch zu begegnen, daß er seinem Sohn das aufgab, was er nicht tun sollte.

Eines Tages waren Vater und Sohn auf der Rückkehr von der Mühle an einen Fluß gekommen. Wohl führte eine Brücke über den Fluß, doch diese befand sich in einem solch schlechten Zustand, daß der mit einem Mehlsack beladene Esel sie unmöglich passieren konnte.

«Hör mal her, mein Junge!» sagte der Vater. «Ich werde über die Brücke gehen, du aber bringst den Esel durch den Fluß hinüber, doch benutze auf keinen Fall die Furt!»

Nasreddin Hodscha, der immer das Gegenteil zu tun pflegte, trieb nun den Esel prompt in die Furt. In diesem Augenblick bemerkte der Vater, daß sich der Mehlsack auf dem Rücken des Esels verschob und herunterzurutschen drohte.

«Der Sack ist verrutscht und wird gleich ins Wasser fallen», rief der Vater zu seinem Sohn hinüber. «Unterlaß es, ihn wieder zurechtzurücken! Stoß ihn noch weiter nach unten!»

«Bei Allah, ich bin doch kein Kind mehr, Papa!» rief der Hodscha. «Ich tat bisher immer das Gegenteil von dem, was du sagtest. Von nun an aber werde ich deine Befehle getreulich befolgen!» Kaum hatte er den Mehlsack berührt, plumpste dieser ins Wasser.

Ich gehe mit den Nachbarinnen am Ufer des Sees spazieren. Hüte du inzwischen das Haus und postiere dich an der Haustür!» sagte eines Tages die Mutter zu Nasreddin und ermunterte ihren Sprößling, bei dieser Gelegenheit zu beweisen, daß ein ganzer Mann in ihm steckt. «Weiche unter keinen Umständen von der Tür!» schärfte ihm die Mutter ein, bevor sie aufbrach.

Unser künftiger Hodscha setzte sich auf die Türschwelle und kaute getrocknete Aprikosen, die ihm seine Mutter gegeben hatte. Nach einer kleinen Weile traf aus einem Nachbardorf sein Onkel ein. Im Glauben, die Mutter befände sich im Haus, sagte er zu Nasreddin: «Bestelle deiner Mutter, daß ich heute abend mit deiner Tante zu Besuch kommen werde!»

Während der Onkel seinen Weg fortsetzte, hängte Nasreddin die Tür aus und lud sie sich auf den Rücken. Hierauf begab er sich zum Seeufer.

«Was soll das, Junge?» rief die Mutter, als sie ihren Sprößling mit der Haustür erblickte.

«Du sagtest doch, ich dürfe unter keinen Umständen von der Tür weichen», entgegnete dieser. «Kurz darauf erhielt ich vom Onkel den Auftrag, dir für heute abend seinen Besuch anzukündigen. Um es euch beiden recht zu machen, hatte ich keine andere Wahl.»

Als unser Hodscha noch ein Kind war, wurde er gefragt, wer älter sei, er oder sein Bruder.
«Meine Mutter sagte mir vor einem Jahr, mein Bruder sei ein Jahr älter als ich. Demnach müßten wir jetzt gleichaltrig sein», entgegnete er.

UNSER HODSCHA WAR ALS STUDENT IN EINE fremde Stadt gereist, um dort, wie es damals üblich war, für das kommende Semester Geld- und Lebensmittelspenden zu sammeln. Im Haus eines reichen, vornehmen Bürgers durfte er nächtigen. Am nächsten Morgen rief ihn der Hausherr zu sich und gab ihm auf, eine bestimmte Koransure zu rezitieren, worauf auch er die gleiche Sure herunterleierte. Alsdann diktierte er unserem Hodscha einen Schriftsatz, den er anschließend selbst noch einmal zu Papier brachte.

«Schau, mein Scholar!» begann der Hausherr. «Wir beide haben soeben die gleiche Sure rezitiert und den gleichen Schriftsatz zu Papier gebracht. Damit ist jeder Unterschied zwischen uns aufgehoben. Du wirst wohl nun nicht länger meiner bedürfen?»

«Du irrst dich», entgegnete der Hodscha. «Zwischen uns beiden besteht weiterhin ein gewaltiger Unterschied. Ich bin drei Tage zu Fuß gegangen, um hierherzukommen, und habe dabei vielerlei Strapazen auf mich genommen. Erst wenn es sich fügen sollte, daß dich dein Weg in meine Heimat führt und du dort, auf meine Hilfe angewiesen, die gleiche abschlägige Antwort bekommst, so daß du enttäuscht und verzweifelt die Heimreise antrittst, wird man von uns sagen können, daß es zwischen uns keinen Unterschied gibt.»

Unser Hodscha sah an einem Regentag aus dem Fenster und beobachtete das Treiben auf der Straße.

«Wer ist denn hinter dir her?» rief er einem Bekannten zu, der mit eiligen Schritten seinem Haus zustrebte, um ins Trockene zu kommen.

«Der Regen ist zwar ein Segen Gottes, aber naß werden möchte ich auf keinen Fall», entgegnete dieser.

«So weit ist es also gekommen, daß die Menschen vor dem Segen Gottes fliehen. Ich sehe, das Jüngste Gericht ist nahe», sagte der Hodscha.

Die Worte des Hodscha bewirkten, daß der Mann seine Schritte verlangsamte und völlig durchnäßt nach Hause kam.

Der Zufall wollte es, daß besagter Mann an einem anderen regnerischen Tag aus dem Fenster schaute und beobachtete, wie der Hodscha seine Schritte beschleunigte, als die ersten Tropfen fielen. Er hatte die langen Schöße seines Kaftans zurückgeschlagen und lief mit dem Regen um die Wette.

«Mich hast du ermahnt, vor dem Segen Allahs nicht zu fliehen. Nun tust du es selber!» rief er.

«Ich renne, um den Segen Allahs, der auf die Erde niedergeht, nicht mit Füßen zu treten», entgegnete der Hodscha und verschwand in seinem Haus.

Als unser Hodscha noch Theologiestudent war, gab ihm ein Reicher 500 Groschen und sagte: «Hier, nimm dieses Geld und sprich nach den fünf üblichen Gebetszeiten noch ein Gebet für mich!»

Der Hodscha sonderte von dem Geld 50 Silbertaler ab und gab sie dem Mann zurück. «Eigentlich sind die Nächte kurz», sagte er, «da sie aber Euer in Allah ergebener Diener mit müßigem Geplauder verbringt, werden sie lang. So komme ich morgens nicht aus dem Bett und versäume das erste Gebet, das ich erst im Laufe des Vormittags nachzuholen pflege. Da also eine Gebetszeit entfällt, wäre es eine Schande vor Allah, wenn ich von Euch das volle Honorar annähme.»

ZWEI NACHBARN, DEREN HÄUSER ANEINANDER grenzten, saßen in einem gegenüberliegenden Laden, als ein streunender Hund daherkam und mitten auf der Straße sein Bedürfnis verrichtete. Es geschah an einer Stelle, die von den beiden Häusern ungefähr gleich weit entfernt war.

«Es liegt deinem Haus näher. Räume es gefälligst weg!» sagte der eine.

«Du hast dich verschätzt, mein Lieber. Es ist deine Sache», entgegnete der andere.

Schließlich gerieten sie darüber in Streit und kamen vor Gericht. Der Zufall wollte es, daß sich unser Hodscha gerade beim Kadi aufhielt, als die beiden hereingeführt wurden.

«Ich glaube, diesen verzwickten Fall kannst du am besten entscheiden», sagte der Kadi zu unserem Hodscha, in der Absicht, ihn zu hänseln.

Sofort wandte sich unser Hodscha an die beiden Parteien und erklärte: «Es passierte doch auf einer öffentlichen Straße, nicht wahr? Folglich ist keiner von euch beiden verpflichtet, sie zu reinigen. Diese Angelegenheit hat die öffentliche Hand zu ordnen. Bitte, Herr Kadi, ans Werk!»

In dem Zeitalter, da unser Hodscha lebte, war es bei den Theologiestudenten Brauch, während der Ferien in den Dörfern zu predigen und von den Gläubigen Geld- und Sachspenden für ihr weiteres Studium zu erbitten. So tat es auch unser Hodscha. In einer seiner Predigten hatte er auch Christus erwähnt, der im vierten Himmel seine Wohnstätte habe. Als er im Begriff war, die Moschee zu verlassen, trat eine alte Frau an ihn heran.

«Eine Stelle in deiner Predigt läßt mich einfach nicht los, verehrter Hodscha», sagte die Frau. «Du sagtest, Christus – über ihm sei das Heil! – wohne im vierten Stock des Himmels. Ich möchte, mein Teuerster, wissen, wovon er dort lebt, was er ißt und trinkt?»

Diese Frage erboste unseren Hodscha.

«O du vorwitziges und pflichtvergessenes Weib! Bereits ein Monat ist vergangen, seitdem ich in euer Dorf gekommen bin. Nicht an einem einzigen Tag habt ihr euch Gedanken gemacht, wovon der arme Hodscha wohl leben mag, was er ißt und trinkt. Und jetzt bist du vermessen genug, dich bei mir nach einer gewaltigen, heiligen Person zu erkundigen, die im vierten Himmel an der ewig gedeckten Tafel sitzt und dort schwelgen kann!»

Bei einem geselligen Beisammensein stritt man über die Frage, welche Eigenschaften ein Mensch besitzen müsse, um als Heiliger zu gelten.

«Kannst du etwa Wunder tun?» fragte man unseren Hodscha.

«Und ob! Ich brauche nur zu beschwören und zu befehlen und sogleich heben sich die Dinge, sei es ein Baum oder ein Stein, von ihrem Platz und kommen zu mir», entgegnete der Hodscha.

«Schön! Da drüben steht ein Baum. Ruf ihn doch mal her!»

Dreimal rief unser Hodscha den Baum auf geheimnisvolle Weise an, ohne daß er sich auch nur im geringsten rührte. Nicht einmal ein Blatt bewegte sich an den Zweigen. Hierauf ging unser Hodscha mit bedächtigen Schritten auf den Baum zu.

«Wolltest du nicht, daß der Baum zu dir kommt?»

«In unserer Familie gibt es keinen falschen Hochmut. Und wer da glaubt, ein Berg werde von seinem Platz rücken, muß sich am Ende zu ihm hinbemühen.»

UNSER HODSCHA STUDIERTE NOCH AN EINER DER geistlichen Schulen. Als er sich eines Tages in Akşehir aufhielt, bat ihn eine Nachbarsfrau, ihr ein Schriftstück vorzulesen.

«Tu mir den Gefallen, lieber Hodscha!» sagte die Frau und reichte ihm das Schriftstück, das sich unser Hodscha eine Weile von allen Seiten besah. Da er die verschnörkelte Schrift nicht zu entziffern vermochte, fing er an, aufs Geratewohl zu lesen: «Licht meiner Augen, Euer Hochwohlgeboren...»

«Das ist doch kein Brief, lieber Hodscha!» fiel ihm die Frau ins Wort. «Mein Mann hat sich von jemand Geld geliehen. Das ist der Schuldschein!»

«Wie sollte ich das wissen», entgegnete unser Hodscha ganz betreten. «Konntest du mir das nicht gleich sagen, damit ich den Wisch so lese, wie sich's gehört!»

UNSER HODSCHA HATTE IM HAUS SEINEN RING verloren. Als sein Bemühen, ihn wiederzufinden, erfolglos blieb, trat er vor die Haustür, wo er die Suche fortsetzte. Ein Nachbar, der ihn dabei beobachtete, fragte ihn, was er verloren habe. Unser Hodscha zögerte nicht, ihm die gewünschte Auskunft zu geben.

«Wenn du den Ring drinnen im Haus verloren hast, ist es doch sinnlos, ihn hier zu suchen», meinte der Nachbar.

«Drinnen ist es sehr dunkel. Ich dachte, es ist besser, draußen zu suchen, wo es hell ist», versetzte unser Hodscha.

Unserem Hodscha war die Braut zugeführt worden. In der Nacht, da die Ehe vollzogen werden sollte, waren alle Verwandten und Bekannten als Hochzeitsgäste zugegen. Man aß und trank nach Herzenslust, vergaß aber, unseren Hodscha zu Tisch zu bitten. Das kränkte ihn um so mehr, als es mit Safran gewürzte Reissuppe gab, die zu seinen Lieblingsgerichten gehörte.

Der Hodscha entfernte sich von der Hochzeitsgesellschaft, um spazierenzugehen. Er wurde schließlich vermißt und nach langem Suchen in einem abgelegenen Viertel entdeckt. Man führte ihn ins Haus zurück, wo ihn einige angesehene Familienmitglieder wegen seines Fernbleibens tadelten.

«Wo hast du denn so lange gesteckt? Du wirst im Brautgemach erwartet!»

«Was soll ich denn dort?» gab unser Hodscha in ärgerlichem Ton zurück. «Mag derjenige hineingehen, der meine Reissuppe gegessen hat.»

In Akşehir war ein Weingarten zum Kauf angeboten worden. Wegen des sehr niedrigen Preises hatten sich sofort vier oder fünf Interessenten gemeldet. Einer von ihnen suchte unseren Hodscha auf und bat ihn, auf den Besitzer des Weingartens einzuwirken, daß er den anderen Interessenten vorgezogen werde und überdies noch eine Preisvergünstigung erhalte. Sogleich beeilte sich der Hodscha, dem Besitzer des Weingartens seine Aufwartung zu machen und zu erkunden, was sich für seinen Auftraggeber tun ließe.

Als dieser sich nun beim Hodscha einfand, um von ihm das Ergebnis seiner Bemühungen zu erfahren, erhielt er auch sogleich folgende Antwort von ihm:

«Ich hatte Erfolg. Doch wisse, daß es mich viel Schweiß gekostet hat. Ich war genötigt, dem Mann tausend Liebenswürdigkeiten zu sagen und alle Künste der Überredung zu gebrauchen. Unter Aufbietung all meiner Geschicklichkeit erreichte ich schließlich, daß er den Weingarten noch billiger abgibt, so daß deine Erwartungen sogar übertroffen werden. Bist du mit mir zufrieden?»

Der Auftraggeber überschüttete den Hodscha mit Dank- und Lobsprüchen und tanzte vor Freude im Zimmer umher.

«Meinst du nicht, ich sollte jetzt die Gelegenheit nützen und auch für mich etwas tun?» fragte hierauf der Hodscha.

«Ich habe nichts dagegen. Wenn du bei dem Mann zusätzlich Vorteile für dich herausschlagen kannst, soll's mir recht sein», entgegnete der Auftraggeber.

«Schön. So höre: Nachdem ich meine ganze Überredungskunst darauf verwandt hatte, deinen Wünschen entsprechend einen Preisnachlaß zu erwirken, glaubte ich meine Person nicht ganz hintanstellen zu dürfen und führte, da der Kaufpreis feststand, die Verhandlungen weiter, wobei ich für mich den Vorteil herausschlug, als der Käufer zu gelten», sagte der Hodscha.

Unser Hodscha hatte geheiratet. Nach drei Monaten bekam sein Eheweib Wehen und bat ihn, schnell eine Hebamme zu holen.

«Soviel ich weiß pflegen die Frauen in der ganzen Welt erst nach neun Monaten niederzukommen», entgegnete der verblüffte Hodscha. «Ich finde das bei dir recht seltsam.»

«Nun hör aber auf!» gab die Frau wütend zurück. «Sind etwa die neun Monate noch nicht um? Bei Allah, es ist alles in Ordnung! Überlege mal, lieber Mann! Wie lang ist es her, daß man mich mit dir verheiratete? Drei Monate, nicht wahr? Und wie lang ist es her, daß du mich zum Weib genommen hast? Ebenfalls drei Monate! Macht also sechs Monate. Und seit drei Monaten trage ich das Kind unter dem Herzen. Damit sind die neun Monate voll. Stimmt's?»

«Du hast recht, liebe Frau», entgegnete der Hodscha nach langem Nachdenken. «Ich wußte nicht, daß du so gut rechnen kannst. Verzeih mir bitte, Schatz!»

Als unser Hodscha an einem schönen Morgen aus der Tür seines Hauses trat, begegnete ihm sein Nachbar.

«Bei dir ging es heute früh sehr geräuschvoll zu», begann er. «Ich vernahm zuerst einen äußerst heftigen Wortwechsel, dem ein nicht minder heftiger Lärm folgte. Was war denn bei dir los?»

«Ich habe mich mit meiner Ehehälfte gezankt», entgegnete der Hodscha mißgelaunt. «Es fielen ein paar derbe Schimpfworte, worauf meine Ehehälfte in Wut geriet und meinem Kaftan einen Tritt versetzte. Dieser kugelte polternd die Treppe hinunter. Das ist alles.»

«Aber dein Kaftan kann doch nie und nimmer einen solchen Lärm verursachen», sagte der Nachbar und drang weiter in unseren Hodscha.

«Bist du aber hartnäckig!» antwortete dieser. «Der Kaftan kugelte nicht allein die Treppe hinunter, ich steckte drin, wenn du es genau wissen willst!»

«Ich finde, deine Frau macht zu viele Besuche, lieber Hodscha!» meinte einer seiner Freunde.

«Das glaube ich nicht. Wenn das stimmte, wäre sie doch auch mal bei mir aufgetaucht.»

Die jungen Leute von Akşehir, die durch den Scharfsinn und die Schlagfertigkeit des Hodscha stets in arge Bedrängnis gerieten, beschlossen eine Tages, an ihm Rache zu nehmen. Sie wollten eine Situation herbeiführen, in der sich der Hodscha geschlagen geben mußte, und ersannen einen Plan.

Sie luden den Hodscha ein, mit ihnen ins Badehaus zu gehen. Jeder von ihnen steckte sich heimlich ein Ei ein. Nachdem sie sich entkleidet und geduscht hatten, betraten sie alle zusammen die Halle, in der die Schwitzbank steht.

«Jungens, wie wär's, wenn jetzt jeder von uns ein Ei legte», sagte einer der Burschen. «Wem es nicht gelingt, ein Ei zu legen, hat für alle das Badegeld zu zahlen.»

Ohne den Hodscha, der sich mit ihnen auf die Schwitzbank gesetzt hatte, zu Wort kommen zu lassen, stimmten alle diesem Gedanken zu. Das Badehaus war sogleich von Gegacker erfüllt. Die mitgebrachten Eier legten die Burschen verstohlen neben sich auf die Schwitzbank.

Der Hodscha, der ihren Plan sofort durchschaute, begann nun wie ein Hahn zu krähen.

Als die Burschen zu ihm sagten: «Du sollst doch ein Ei legen, Hodscha. Warum gackerst du eigentlich nicht?» gab er zurück: «Ich dachte, zu dieser Hühnerschar gehört auch ein Hahn!»

Unser Hodscha wurde gefragt, ob ein hundertjähriger Mann noch mit Kindersegen rechnen könne.

«Wenn er kräftige junge Männer zwischen zwanzig und dreißig zu Nachbarn hat, ist das durchaus möglich», entgegnete der Hodscha.

Als sich der Hodscha eines Tages in seinen Weingarten begab, begegneten ihm unterwegs zwei Jungen, die einen Raben gefangen hatten und sich um dessen Besitz balgten. «Schämt euch!» rief der Hodscha, auf die beiden Jungen zugehend. «Nicht genug, daß ihr euch mitten auf der Straße prügelt, quält ihr noch obendrein das hilflose Tier.»

Nasreddin Hodscha war als ein Mann bekannt, der seinen Mitbürgern stets mit Rat und Tat beistand und sich bei Streitigkeiten als Schiedsrichter betätigte. So freuten sich die beiden Jungen, als sie den Hodscha erblickten.

«Wir haben den Raben auf dem Baum entdeckt. Ich diente meinem Kameraden als Leiter, das heißt, er stieg auf meinen Rücken, um den Ast zu erreichen, auf dem der Rabe saß. Jetzt behauptet er, den Vogel allein gefangen zu haben. Aber es steht doch fest, daß er ohne meine Hilfe nicht auf den Baum hinaufgekommen wäre. Bist du nicht auch der Meinung, daß ich an dem Raben das gleiche Besitzrecht habe wie mein Freund, lieber Hodscha?» sagte einer der beiden Jungen.

«Hör nicht auf sein Gerede!» ließ sich nun der andere Junge vernehmen. «Du kennst mich doch als gewandten Kletterer, nicht wahr, lieber Hodscha? Ich komme sogar an der glatten Mauer eines Minaretts hinauf. Ich bestreite nicht, daß mein Freund mich auf seinen Rücken steigen ließ. Ich war es, der auf den Baum kletterte und den Vogel fing.

Darauf kommt es doch an! Ich habe doch keinen Apfel vom Baum gepflückt, sondern einen Vogel gefangen, was eine besondere Geschicklichkeit erfordert. Behende und geräuschlos wie eine Schlange näherte ich mich meiner Beute. Mein Freund hingegen ist nicht mal imstande, auf der flachen Erde eine Schildkröte zu fangen. Hinzufügen möchte ich noch, daß ich den Vogel zuerst entdeckte.»

«Ist das alles, was ihr vorzubringen habt?» fragte der Hodscha lächelnd, nachdem er eine Weile geduldig zugehört hatte. «Ich erwarte von euch, daß ihr aufhört, das arme Tier zu quälen. Übergebt den Vogel meiner Obhut. Nur unter dieser Bedingung bin ich bereit, meines Amtes als Schiedsrichter zu walten.

Ihr habt eine Menge Unsinn geredet und dabei euch selbst, ohne es zu wollen, als Tierquäler gebrandmarkt. Einer von euch sagte vorhin, ein Rabe sei kein Apfel, den man vom Baum pflückt. Ich sage euch, ein Vogel ist erst recht kein Auberginenstrunk, an dessen beiden Enden zu zerren erlaubt ist. Wäre ich nicht rechtzeitig dazwischen getreten, hättet ihr dem Vogel den Garaus gemacht und der Gegenstand eures Streits wäre gar nicht mehr vorhanden. Ich bin der Meinung, daß keiner von euch beiden ein Besitzrecht auf den Vogel geltend machen kann. Da sein Fleisch nicht eßbar ist, wäre es überdies unsinnig, ihn unter euch aufteilen zu wollen. Tretet also den Raben an euren Hodscha ab, der für ihn Verwendung hat. Ich will ihn nicht einmal umsonst haben, ich kaufe ihn euch ab.» Mit diesen Worten drückte er jedem der beiden Jungen einen Piaster in die Hand, worauf diese, frohlockend, in Richtung des Basars enteilten.

Was unseren Hodscha angeht, so gab er dem bedauernswerten Vogel die Freiheit zurück.

Allein, der arme Rabe war durch das stundenlange Gezeter oder aus einem anderen Grund dermaßen erschöpft, daß er nur ein kleines Stück zu fliegen vermochte, den Baum aber, der in der Nähe stand, nicht erreichen konnte. Er mußte sich wohl oder übel zwischen den Hörnern eines dort weidenden Ochsen niederlassen. Das genügte, um unseren von Natur aus heiteren und fröhlichen Hodscha vollends in überschwengliche Freude zu versetzen.

«O du mein herrlicher Falke! Ich danke dir. Welch hübsche Beute hast du mir gesichert», rief der Hodscha und nahm den lahmen Raben in seine Obhut. Dann riß er einen Ast vom Baum und trieb den Ochsen vor sich her, um ihn in seinen Stall zu bringen.

Doch es dauerte nicht lange, bis der von dem Vorfall benachrichtigte Besitzer des Ochsen herbeieilte und an die Tür unseres Hodscha klopfte.

«Was ist dein Begehr?» fragte der Hodscha, der selbst zur Tür gegangen war, um zu öffnen.

«Verstell dich nicht!» rief der Besitzer des Ochsen wutentbrannt. «Der Grund meines Kommens ist dir wohlbekannt. Wer gab dir das Recht, meinen Ochsen von der Weide wegzutreiben und in deinen Stall zu führen? Auf der Suche nach ihm habe ich mir die Füße wund gelaufen. Gib mir sofort den Ochsen heraus!»

«Was fällt dir ein, Unverschämter!» parierte der Hodscha und gebärdete sich noch aufgebrachter als jener. «Hier gilt kein Faustrecht. Wir leben in einem gesitteten Land. Wende dich an die Gerichte, wenn du glaubst, an mich Forderungen zu haben. Ich bin der Meinung, daß es überall in der Welt gestattet ist, dem Jagdvergnügen zu frönen. Ich habe den Jungen gegen ganze zwei Piaster einen abgerichteten Raben abgekauft. Wer will es mir verübeln, daß ich ihn zur Jagd benutze und dank ihm einen stattlichen Ochsen als Beute heimbringen konnte. Das Jagdglück war mir eben hold, mein Lieber. Und nun kommst du und willst mir das abnehmen, was mir mein Rabe einbrachte? Pack dich weg von hier!»

Der Hodscha schlug die Tür vor seiner Nase zu, worauf der Besitzer des Ochsen nicht zögerte, am nächsten Tag die Sache beim Gericht anhängig zu machen.

Der Kadi schickte dem Hodscha eine Vorladung, und dieser beeilte sich, seinen Standpunkt mit allem Nachdruck zu vertreten. Ferner fügte er seiner Eingabe einen Krug mit feinstem Rinderschmalz bei, ein Geschenk, von dem der Kadi über alle Maßen angetan war. So fiel seine Entscheidung zugunsten unseres Hodscha aus.

Am nächsten Tag ließ der Hodscha einen zweiten Krug folgen, der noch größere Ausmaße hatte und mit vier Henkeln versehen war. Als sich der Kadi anschickte, das Schmalz zu braten, und ihm das Wasser im Mund zusammenlief, erhielt er von der anderen Seite einen Korb Eier zum Geschenk, was ihn dazu bewog, sich ein köstliches Frühstück zuzubereiten. Er brachte den Schmalzkrug erst gar nicht in die Vorratskammer, sondern machte sich ein Vergnügen daraus, mehrmals am Tag aus ihm zu naschen. Bereits drei Tage später ging das Rinderschmalz zur Neige, und als der Kadi mit dem Löffel gegen den Grund stieß, kam unter dem Schmalz ein dunkelgrünes Etwas zum Vorschein, das sich als Kuhmist erwies.

Der Kadi rief den Büttel zu sich und befahl ihm, den Hodscha unverzüglich vorzuführen. Unser Hodscha war keineswegs überrascht, als der Büttel bei ihm eintrat, und folgte ihm ohne jede Widerrede.

«Wie kannst du dich erkühnen, mir, der ich seit Menschengedenken hier in dieser Stadt als Kadi meines Amtes walte, Kuhmist vorzusetzen?» schrie der Kadi wutentbrannt.

«Ich finde, Eure Entrüstung ist fehl am Platz», entgegnete der Hodscha kaltblütig. «Der Kuhmist von heute ist ohne Belang. Hat Euer Ehren nicht vor drei Tagen Mist geschluckt, als ich behauptete, mit einem lahmen Raben, den ich für 2 Piaster erstanden hatte, auf die Jagd gegangen zu sein? Warum hat es Euer Ehren nicht den Magen umgedreht, als ich einen friedlich weidenden Ochsen, der 200 Silbertaler wert ist, als Jagdwild ausgab?»

Nachdem unser Hodscha den Kadi solchermaßen an den Pranger gestellt hatte, beeilte er sich, den Ochsen seinem Besitzer zurückzugeben, und fügte die Bemerkung hinzu, er habe sich diesen Scherz lediglich erlaubt, um dem Kadi eine Lehre zu erteilen.

DER POLIZEIPRÄFEKT VON AKŞEHIR WAR ALS PANtoffelheld bekannt. Er gestattete seiner Frau, sich in die Amtsgeschäfte einzumischen und bei der Ernennung und Absetzung von Beamten mitzureden. Einige angesehene Bürger der Stadt wandten sich wegen dieses Übelstands an den Hodscha und baten ihn, Abhilfe zu schaffen.

Bei einer geselligen Zusammenkunft bot sich unserem Hodscha die Gelegenheit, dem Polizeipräfekten an einigen Beispielen darzutun, daß er den Einmischungen seiner Frau ein Ende setzen müsse. Der Präfekt folgte auch dem Rat des Hodscha.

Als die herrschsüchtige Frau ihre Macht gebrochen sah, fühlte sie sich in ihrer Eitelkeit tief verletzt. Sie forschte nach und erfuhr, daß es der Hodscha gewesen war, der ihren Mann bestimmt hatte, seine Haltung zu ändern. Und um sich am Hodscha rächen zu können, hielt sie es für geraten, dessen Frau zu ihrer Bundesgenossin zu machen.

Der Hodscha pflegte jeden Sommer, wenn er von seinem Heimatdorf in die Stadt kam, dem Polizeipräfekten einen Besuch abzustatten. Nun wollte die Frau des Präfekten, daß sich der Hodscha beim nächsten Besuch in Begleitung seiner Frau einfinde. Der Präfekt lud den Hodscha sogar ein, mit seiner Frau in seinem Haus zu nächtigen.

Als sie sich in ihr Zimmer zurückgezogen hatten, geschah es, daß sich unser guter Hodscha seiner Frau zärtlich näherte.

Sie begann mit ihrem Gatten zu schäkern und sagte: «Geh mal nach draußen, Liebling, und hol das Zaumzeug herein, das an der Mauer lehnt. Ich habe mir etwas Nettes ausgedacht.» Von ihrem Getändel betört, beeilte sich der Hodscha, ihrem Wunsch zu willfahren.

Kaum war er mit dem Zaumzeug im Zimmer, umschmeichelte sie ihn von neuem und überredete ihn, sich selbst den Sattel aufzulegen. Dann saß sie auf, worauf der Hodscha zu wiehern anfing und, von seinem geliebten Eheweib angefeuert, im Zimmer umhertrabte. Die Frau des Präfekten beobachtete das närrische Treiben durch das Schlüsselloch und rief ihren Mann herbei, damit dieser mit eigenen Augen sehe, wie sehr sich der Hodscha vor seiner Frau erniedrigte. Beim Anblick des wiehernden Hodscha, der ganz verzückt seine Frau umhertrug, bog sich der Präfekt vor Lachen. Schließlich hielt er aber nicht mehr zurück und öffnete die Tür.

«Was muß ich da sehen, Hodscha Efendi?» rief der Präfekt. «Schlimm, sehr schlimm!»

«Du siehst nun mit eigenen Augen, was aus mir geworden ist», entgegnete der Hodscha schlagfertig. «Ich fürchtete, du könntest ebenfalls so tief sinken, und bewog dich deswegen seinerzeit, meinen Rat zu befolgen. Was meine Person angeht, so bedenke, daß ich nur ein einfacher Mann bin und nicht wie du die Zügel staatlicher Gewalt in Händen halte. Meine Macht geht nicht über den familiären Bereich hinaus. So kommt durch mein Treiben auch niemand zu Schaden. Wenn du aber gleich mir die Zügel deiner Frau überließest, würde das ganze Land in Chaos geraten.»

Diese Worte des Hodscha bewirkten, daß sich der Polizeipräfekt schwor, doppelt wachsam zu sein und keine Übergriffe seiner Frau zu dulden. Die Frau des Präfekten indes verkroch sich beschämt in eine Ecke.

Eines Tages angelte der Hodscha im See von Akşehir. Nachdem er einige Fische gefangen hatte, erlosch sein Anglereifer. Er schickte sich an, aufzubrechen und nach Hause zu gehen, als er von einer Schar Gassenjungen umringt wurde, die die Fische einen um den andern heimlich aus seinem Korb entwendeten.

Schließlich entdeckte der Hodscha, daß in seinem Korb nicht ein einziger Fisch geblieben war. Da wandte er sich zum See und sagte: «Ich bin mit leeren Händen gekommen und gehe wieder mit leeren Händen. Ich hab das satt, du tückischer See! So sei auch der Korb dein, nimm ihn!» Sagte es und schleuderte ihn in den See.

EINES TAGES BEGAB SICH DER HODSCHA MIT SEIner Frau an den See von Akşehir, um Wäsche zu waschen. Als sie gerade die Wäschestücke in die Lauge tauchten, flog ein Rabe herbei, der die Seife erhaschte und sich mit ihr in die Lüfte erhob.

«Zu Hilfe», rief die Frau des Hodscha, «der Rabe hat uns die Seife gestohlen!»

Allein das Gezeter der Frau konnte den Hodscha nicht aus der Ruhe bringen.

«Reg dich doch nicht auf!» sagte der Hodscha gelassen. «Laß ihm die Seife! Der schwarze Bursche braucht sie dringender als wir.»

Eines Tages suchten einige christliche Priester unseren Hodscha auf und baten ihn, ihnen bei der Lösung eines schwierigen Problems zu helfen.

«Allah ist gnädig und barmherzig! Ich stehe ganz zu eurer Verfügung», sagte der Hodscha und ermunterte sie, ihm ihre Frage vorzulegen.

«Wir möchten wissen, wie der Prophet Mohammed seine Himmelfahrt bewerkstelligt hat. Wie ist er hinaufgekommen?» ereiferten sich die Priester.

«Ganz einfach», sagte unser Hodscha schlagfertig. «Auf der Leiter, die euer Prophet benutzte, um in den vierten Stock des Himmels zu gelangen.»

Als der Hodscha durch die Gassen Konyas schlenderte, kam er vor ein großes, palastartiges Wohngebäude, dessen Ausmaße und Pracht ihn in Staunen versetzten. Er betrachtete es eine ganze Weile mit größter Aufmerksamkeit und Bewunderung, bis der Torhüter, der vor dem Haus stand, ihm zurief:

«Warum starrst du denn ununterbrochen auf dieses Haus?»

«Ich möchte wissen, welchem Zweck dieses gewaltige Gebäude dient», antwortete der Hodscha, «deshalb hält es meine Blicke gefesselt.»

Nachdem der Torhüter die abgerissene Kleidung des Hodscha gemustert hatte, sagte er mit der Absicht, den guten Hodscha, den er für einen einfältigen Menschen hielt, zu hänseln:

«Das ist eine Mühle.»

«Und sind die Tiere, die das Triebwerk dieser Mühle betätigen, so beschaffen, wie es deren Größenordnung erfordert?» fragte der Hodscha.

Eines Tages begab sich der Hodscha nach der Stadt Konya. Er trat in den Laden eines Honigkuchenbäckers ein, murmelte den Segensspruch «Im Namen Allahs» und machte sich über die Honigkuchen her.

«He, was treibst du da?» rief der Honigkuchenbäcker und begann den Hodscha zu verprügeln.

«Was für eine herrliche Stadt ist doch dieses Konya!» rief der Hodscha und tat sich weiter an der süßen Speise gütlich. «Ich wußte nicht, daß man hier die Leute mit Stockhieben zum Essen zwingt!»

EIN FREUND DES HODSCHA KAM ZU IHM UND RICHtete an ihn die Bitte, für ihn einen Brief aufzusetzen. «Ich bin, wie du weißt, des Lesens und Schreibens nicht kundig. Ein Freund in Bagdad erwartet nun Nachricht von mir, und der Brief, den du für mich schreiben sollst, duldet keinen Aufschub», sagte er.

Statt den gewünschten Brief zu schreiben, stand der Hodscha auf und hastete aus dem Haus.

Der Mann verwunderte sich darüber, stürzte ihm nach und fragte, als er unseren guten Hodscha eingeholt hatte, warum er weggerannt sei.

«Meine Zeit ist knapp und der Weg nach Bagdad ist weit.»

«Du sollst aber nur einen Brief schreiben. Da besteht doch nicht die geringste Notwendigkeit, nach Bagdad zu gehen», meinte der Mann.

«Und ob! Ich habe eine sehr schlechte Schrift, die sogar ich nur mit knapper Not lesen kann. Ich müßte also beim Eintreffen des Briefs in Bagdad sein, um ihn dem Empfänger vorzulesen. So dachte ich, es sei besser, wenn ich ihm deine Mitteilungen persönlich überbringe.»

Auf einer Gesellschaft scheute sich unser Hodscha nicht, Mastix zu kauen. Da hieß es: «Bitte, zu Tisch!» und der Hodscha schloß sich den Gästen an, die sich in das Eßzimmer begaben. Dabei nahm er das Mastixklümpchen aus dem Mund und klebte es sich auf die Nasenspitze.

«Das tut man doch nicht, Hodscha Efendi!» sagten die Anwesenden.

«Die armen Leute tragen eben ihren geringen Besitz zur Schau!» lautete die kluge Antwort des Hodscha.

In einer Winternacht, als klirrende Kälte herrschte, taten sich die Nachbarn unseres Hodscha zusammen und beschlossen, den Hodscha durch geschickte Winkelzüge dahin zu bringen, daß er für sie ein Gelage veranstaltete.

«Wir, deine Nachbarn, möchten gern eine Wette mit dir abschließen», sagten sie, als sich die Gelegenheit bot. «Wenn du sie gewinnst, sind wir bereit, so viele Speisen und Getränke auffahren zu lassen, daß die Tische brechen. Bist du aber der Verlierer, hast du uns ein Essen zu geben, bei dem weder Softa-Pilaw noch das Gasi-Halwa fehlen dürfen. Die weitere Ausgestaltung des Abends überlassen wir dir.»

«Nun, laßt hören! Vielleicht ist nichts weiter dabei», sagte darauf der Hodscha.

«Doch, sonst brauchten wir ja mit dir keine Wette einzugehen!» erwiderten die Nachbarn.

«Spannt mich nicht länger auf die Folter! Was für ein Kunststück soll ich euch vorführen?»

«Du sollst die ganze Nacht hindurch bis zum frühen Morgen auf dem Marktplatz stehen. Wir erwarten dich danach in der großen Moschee. Wenn du das zuwege bringst, hast du die Wette gewonnen. Wir geben dir aber zu bedenken: Du hast bei dieser grimmigen Kälte an einem ungeschützten Ort auszuharren. Überleg es dir reiflich! Heute nacht ist es so furchtbar kalt, daß sogar der Marmor birst. Unter freiem Himmel wirst du stehen, in strammer Haltung, versteht sich, und deine klammen Glieder dürfen nicht einen Hauch Wärme verspüren. Wir stellen dir also eine Aufgabe, vor der sogar ein jugendlicher Held zurückschrecken könnte. Wie gesagt, du wirst dich die ganze Nacht nicht von der Stelle rühren. Aus den Häusern, die den Platz umsäumen, werden viele Augenpaare auf dich gerichtet sein. Bis zum Morgen bist du unter scharfer Kontrolle.»

Dieses weitschweifige Gerede verdroß den Hodscha.

«Habt keine Bange! Ich begreife schon», entgegnete er ärgerlich. «Wenn es euch Spaß macht, könnt ihr mich von einem Bataillon Soldaten bewachen lassen. Ich kneife nicht, ich bin ein Mann von Ehre.»

«Sei nicht so überheblich, du Held!» sagte einer der Kumpane und lächelte dabei ironisch. «Du läßt dich in eine Sache ein, deren Tragweite du nicht abzuschätzen vermagst. Vergiß nicht, daß die Stelle, auf der du stehen sollst, deine Grabstätte werden kann. Beklage dich nicht hinterher!»

«Ich gehe gewiß nicht leichtfertig eine Wette ein, diesmal aber tu ich es, um euch zu zeigen, daß euer Hodscha aus Eisen ist. Mein Herz kennt keine Furcht und der klirrende Frost kann mich nicht schrecken. Wie oft habe ich schon unter freiem Himmel geschlafen und vielleicht schon tausendmal auf Friedhöfen genächtigt. Auch schulde ich niemandem etwas und habe von niemandem etwas zu bekommen; der Reichtum dieser Welt hat mich noch nie bestricken können! Ihr wißt es ja, Freunde, wie wenig mir am Geld gelegen ist.»

Fassen wir uns kurz: Dem Hodscha wurde aufgegeben, stehenden Fußes jene frostklirrende Nacht auf dem Marktplatz zuzubringen. Und unser Hodscha harrte aus.

Am nächsten Morgen fand er sich quicklebendig bei seinen Freunden ein, seine Miene strahlte und seine Glieder verrieten keine Spur von Müdigkeit. Als sie ihn fragten, wie er die Nacht durchgestanden habe, kleidete er seine Erlebnisse in folgende Worte:

«Tief verschneit war die Welt, es tobte ein heftiger Sturm. Wohin ich blickte lag Schnee und in den Ohren hatte ich das schreckliche Heulen des Sturms. Die Bäume schlugen gegeneinander, sie wurden von der Gewalt des Sturmes zur Erde gedrückt und wieder hochgerissen. Das ist es, was meine Sinne in der vergangenen Nacht wahrnahmen. Nur eine Kleinigkeit habe ich noch hinzuzufügen: Ganz in der Ferne entdeckte ich einen schwachen Lichtschein, der von einer brennenden Kerze herrühren mochte.»

«Du hast die Wette verloren!» rief einer der Freunde. «Es war ausgemacht, daß du nichts sehen noch spüren darfst, was irgendwie mit Licht und Wärme in Zusammenhang steht. Nun hören wir aber aus deinem eigenen Mund, daß es dir gelang, von einer brennenden Kerze Wärme zu empfangen. Ich denke, es ist dir doch ordentlich warm geworden, als du den Lichtschein entdecktest. Du hast unsere Bedingungen nicht erfüllt, somit ist für dich die Wette verloren!» Die anderen Freunde pflichteten diesen Ausführungen bei.

So wurde unser guter Hodscha verurteilt, ein Gelage zu veranstalten und alle Freunde freizuhalten. Wie sehr er sich auch mühte, ihre Argumente zu widerlegen, es war umsonst. Er wurde überstimmt und hatte keine andere Wahl, als klein beizugeben und das Gelage für die folgende Nacht anzuberaumen.

Die Freunde fanden sich vollzählig ein. Nach Verrichtung ihres Gebetes kam ein fröhliches Geplauder in Gang, das bis nach Mitternacht währte. Allein als die zweite Stunde nach Mitternacht angebrochen war, fingen die Freunde an ungeduldig zu werden, da unser Hodscha für das versprochene Gelage nicht die geringsten Anstalten traf.

«Laß endlich das Essen auftragen!» riefen sie im Chor. «Mit schönen Reden hast du uns bereits gesättigt.»

«Habt noch ein bißchen Geduld! Es ist bald soweit», entgegnete der Hodscha. So gelang es ihm, sie bis zur dritten Morgenstunde zu vertrösten.

Als die Gäste sehr ungehalten wurden und nachdrücklich auf der Einlösung seines Versprechens bestanden, sagte der Hodscha: «Nur noch einen Augenblick!», ging hinaus und ließ seine Freunde im Glauben, er werde jetzt die ersten Gänge auftragen lassen.

Nachdem sie wieder eine Weile vergeblich gewartet hatten, sagte einer von ihnen: «Wer weiß, welche Possen er mit uns treibt!» Hierauf begaben sie sich in die Küche, wo sie aber weder vom Hodscha noch von den Vorbereitungen für das Festessen eine Spur entdecken konnten. Dann traten sie in den Vorgarten. Dort sahen sie einen riesigen Kessel, der an einem Ast befestigt war. Unter den Kessel hatte der Hodscha eine Kerze gestellt. Verschmitzt lächelnd betrachtete unser Hodscha den Kessel und die darunter stehende Kerze.

«Nun ist's aber genug, Hodscha, du treibst den Scherz zu weit! Du hast wohl die Absicht, uns Hungers sterben zu lassen, wie? Was soll das hier bedeuten?»

«Ich bereite doch das Essen mit eigener Hand zu. Seht ihr denn das nicht?» sagte der Hodscha.

«Du hast einen riesigen Kessel aufgehängt und eine brennende Kerze darunter gestellt. Du wirst doch nicht behaupten wollen, daß die Kerze, die zwei Ellen vom Kessel entfernt ist, das Essen gar zu kochen vermag?» sagten die Freunde.

«Ihr scheint ein sehr schwaches Gedächtnis zu haben», entgegnete der Hodscha. «Mir ist noch in Erinnerung, daß ihr vor drei Tagen der Meinung wart, eine brennende Kerze habe aus vermutlich hundert Schritt Entfernung meine klammen Glieder wärmen können. Hier ist aber die brennende Kerze nur zwei Ellen vom Kessel entfernt. Demnach kann es nicht mehr lange dauern, bis das Essen gar ist.»

Eines Tages erschienen am Hof des Sultans Ala'eddin drei christliche Mönche, die in allen Wissenschaften bewandert waren. Der Sultan forderte sie auf, den Glauben des Islams anzunehmen. Die drei Mönche antworteten: «Jeder von uns möchte eine Frage stellen. Findet ihr die richtigen Antworten, sind wir bereit, eurem Wunsch zu willfahren und Mohammedaner zu werden.»

Sultan Ala'eddin beeilte sich, die erfahrenen und weisen Männer seines Reiches herbeizurufen. Die Mönche legten ihre Fragen vor, aber keiner von ihnen war imstande, eine Antwort zu finden, worüber der Sultan sehr bekümmert war.

«Ruft doch den Hodscha Nasreddin!» sagte einer der Gelehrten. «Vielleicht weiß er die richtigen Antworten.»

Dem Sultan gefiel dieser Rat. Er sandte einen Boten zum Hodscha Nasreddin und ließ ihm ausrichten, er möge sich unverzüglich im Sultanspalast einfinden.

Sogleich sattelte der Hodscha seinen Esel, ergriff seinen Stock und machte sich auf den Weg.

Im Palast angekommen, wurde er vom Sultan huldvoll begrüßt und zum Sitzen eingeladen. Dann erklärte ihm der Sultan, worum es gehe und fragte, ob er sich stark genug fühle, die Herausforderung der Mönche anzunehmen.

«Sie mögen ihre Fragen stellen», sagte der Hodscha. «Ich bin bereit!»

Hierauf trat der erste Mönch vor und fragte:

«Wo ist der Mittelpunkt der Welt?»

«Genau hier!» sagte der Hodscha und deutete mit seinem Stock auf die Stelle, wo der rechte Vorderfuß seines Esels ruhte.

«Woher weißt du das?» fragte der Mönch.

«Es steht dir frei, nachzumessen, wenn du daran zweifelst», entgegnete der Hodscha.

Nun trat der zweite Mönch vor und fragte:

«Wie groß ist die Zahl der Sterne, die am Himmel leuchten?»

«Genauso groß wie die Zahl der Haare, die mein Esel besitzt», antwortete der Hodscha.

«Woher weißt du das?» fragte der Mönch.

«Es steht dir frei, nachzuzählen», entgegnete der Hodscha.

«Lassen sich die Haare deines Esels zählen?» forschte der Mönch weiter.

«Lassen sich denn die Sterne am Himmel zählen?» gab der Hodscha zurück.

Alsdann trat der dritte Mönch vor und stellte die Frage:

«Wieviel Haare hat mein Bart?»

«Genauso viele Haare wie der Schwanz meines Esels», antwortete der Hodscha.

«Woher weißt du das?» fragte der Mönch.

«Ich kann es dir sogar beweisen», entgegnete der Hodscha. «Ich zupfe zuerst ein Haar aus deinem Bart und dann eins aus dem Schwanz meines Esels und immer so fort. Wollen wir sehen, ob die Rechnung aufgeht?»

Da gaben sich die drei Mönche geschlagen und traten zum Islam über.

DER HODSCHA HATTE ZWEI FRAUEN. EINES TAGES bedrängten sie ihn mit der Frage, welche von beiden er am meisten liebe.

«Ich habe euch beide gleich lieb», entgegnete der Hodscha.

Allein die Frauen gaben sich mit dieser Antwort nicht zufrieden. Vergeblich bemühte sich der Hodscha, sie mit allgemeinen Redensarten zu beschwichtigen, sie setzten ihm immer heftiger zu.

«Nehmen wir an, wir drei führen in einem Boot auf dem See von Akşehir. Wenn nun das Boot umstürzte und wir ins Wasser fielen, welche von uns beiden würdest du zuerst retten?» forschte die jüngere.

Diese Frage versetzte unseren Hodscha in solche Panik, als hätte sich das Unglück bereits ereignet. Unwillkürlich wandte er sich der älteren zu und sagte:

«Du kannst doch ein bißchen schwimmen, meine Liebe, nicht wahr?»

Der Hodscha begab sich einer Besorgung wegen von Akşehir nach der Stadt Sivrihisar, die zu seiner engeren Heimat gehörte. Dort angekommen, verspürte er einen quälenden Hunger, hatte aber keinen Piaster in der Tasche. Als er den Markt überquerte, fiel sein Blick in eine Bäckerei, wo gerade die frischen Brote aus dem Ofen kamen. Der herrliche Duft des Brots stieg unserem Hodscha in die Nase.

«Gehören diese Brote dir, Väterchen?» fragte unser Hodscha den Bäcker.

«Natürlich», lautete die Antwort des Bäckers, der über diese Frage ein wenig verwundert war.

Doch unser Hodscha geriet noch mehr in Eifer und fragte von neuem:

«Wirklich, gehören dir alle Brote hier, diese knusprigen, duftenden Laibe?»

«Du gehst mir auf die Nerven», erwiderte der Bäcker. «Wie oft soll ich es dir noch sagen? Wem sollen sie denn gehören?»

«Dann versteh ich nicht, warum du sie fortgesetzt anstarrst», sagte der Hodscha, die Brote mit einem liebevollen Blick messend. «Ich an deiner Stelle würde zugreifen und tüchtig davon essen!»

Einer der Honoratioren der Stadt, der an Gastfreundschaft und Freigebigkeit dem berühmten Veli Efendi Zade nicht nachstand, hatte unseren Hodscha gebeten, in seinem Haus am nächtlichen Schmaus nach dem Fastenbrechen teilzunehmen. Der Hodscha war überaus hungrig, weil ein anstrengender Tag hinter ihm lag, der ihn als Fastenprediger von Moschee zu Moschee geführt hatte. Als die Gäste beim Kanonenschuß, der das Ende des Fastens ankündigt, in das Eßzimmer geleitet wurden, äugte unser Hodscha nach der Anrichte, auf der gefüllter Truthahn, Pasteten und Blätterteig mit Nüssen standen. Der Anblick der Schüsseln raubte ihm fast die Besinnung und das Wasser lief ihm im Mund zusammen. Man setzte sich zu Tisch und eine ganz vorzügliche Kuttelsuppe wurde aufgetragen. Der Gastgeber tauchte mit würdevoller Geste seinen Löffel in die Suppe. Kaum hatte er davon gekostet, rief er:

«Möge Allah dich strafen, Kahya Efendi! Habe ich dir nicht zu wiederholten Malen eingeschärft, diesem Nichtsnutz von Koch auf die Finger zu sehen, damit er ja keinen Knoblauch in die Suppe tut? Abtragen, Kahya Efendi, abtragen!»

Obwohl die Suppe bereits in den Tellern dampfte, befahl der Hausherr, sie wieder vom Tisch zu nehmen.

Unser Hodscha warf ihr einen bedauernden Blick nach und seufzte leise.

Der Gastgeber entschuldigte sich bei seinen Tischgenossen, indem er beteuerte, sein Koch sei ein eigensinniger Kauz und alles, was man ihm sage, sei in den Wind geredet.

Nachdem ihm die Eingeladenen beigepflichtet hatten, befahl er dem Kahya Efendi, den gefüllten Truthahnbraten als zweiten Gang aufzutragen. Der Truthahn war knusprig und verströmte einen köstlichen Duft. Nüsse und Rosinen, die zur Füllung gehören, waren beim Braten herausgequollen. Der Hausherr schnitt sich, seinen Gästen mit einer einladenden Gebärde zunickend, ein Stück ab. Kaum hatte er den Bissen im Mund, brauste er auf:

«Jetzt reißt mir aber die Geduld, Oberagha! Erst gestern sagte ich dir, daß dieser Taugenichts von Koch keinen Pfeffer verschwenden soll. Ich glaube fast, dir liegt daran, daß ich mir den Magen verderbe. Ich kann Pfeffer nicht vertragen, aber das scheint dich nicht zu kümmern. Seit 30 Jahren bist du in meinen Diensten. Möge Allah dich und diesen vermaledeiten Koch züchtigen. Abräumen, Kahya Efendi, abräumen!» So verschwand auch der herrliche Truthahnbraten vom Tisch.

Unser armer Hodscha schaute ihm wehmütig nach und tat einen tiefen Seufzer.

Ein Agha des Harems servierte nun das Blätterteiggebäck, das den dritten Gang bildete.

«Bist du von Sinnen?» fauchte der Hausherr den Neger zornig an, der das Amt des Haremsagha begleitete und den Kahya Efendi beim Servieren ablöste. «Fängt man bei hungrigem Magen mit der Süßspeise an? Hinaus mit dir!»

Der arme Neger erschrak dermaßen, daß ihm beinahe die Schüssel mit dem Gebäck aus der Hand fiel. Im Geist sah er bereits die Peitsche des Hausherrn auf seinem Rücken tanzen und war im Nu an der Tür, durch die er blitzschnell verschwand.

Unser Hodscha konnte es nicht verwinden, daß der Hausherr immer neue Vorwände erfand, um die auserlesensten Gerichte wegschicken zu können. Sogleich umklammerte er seinen Löffel und stürzte sich auf die Anrichte, wo sich die übrigen Gerichte befanden. Er hieb seinen Löffel geradezu in den Pilaw hinein, der nach Amber, Moschus und anderen Herrlichkeiten duftete, und begann zu essen.

«Komm doch an die Tafel», sagte der Hausherr zum Hodscha. «Wir missen deine Nähe, bester Hodscha!»

«Ach, Herr!» ließ sich der Hodscha vernehmen. «Es wird ja noch eine ganze Weile dauern, bis bei jedem einzelnen Gericht die Sünden des Kochs festgestellt und ihm nebst den anderen Dienern die gebührenden Strafen zuerkannt sein werden. Unterdessen sei es mir verstattet, hier mit meinem alten Freund Zwiesprache zu halten und sein Inneres zu erforschen. Fahrt ruhig mit Eurem Strafgericht fort!» sagte der Hodscha, während er weiter dem Pilaw zusprach.

Diese Worte lösten sowohl beim Hausherrn als auch bei seinen Gästen Heiterkeit aus. Schallendes Gelächter erfüllte den Raum, und das Mahl konnte endlich beginnen.

Ein Nachbar kam in heller Aufregung zum Hodscha.

«Meine Frau und ihre Schwester liegen sich in den Haaren. Beide sind außer Rand und Band. Komm mit, lieber Hodscha, und rede ihnen gut zu, damit sie sich wieder vertragen! Ich selbst bin machtlos.»

«Worüber streiten sie sich eigentlich?» fragte der Hodscha. «Will etwa die eine jünger sein als die andere?»

«Nein, Hodscha. Wegen ihres Alters streiten sie sich nicht», erwiderte der Mann.

«Dann geh getrost nach Hause!» entschied der Hodscha. «Wenn es nicht ums Alter geht, werden sie sich inzwischen versöhnt haben.»

Eines Tages begab sich unser Hodscha ins Badehaus. Die Badediener reichten ihm einen zerschlissenen Lendenschurz und ein altes Handtuch. Auch sonst ließen sie es dem Hodscha gegenüber an Aufmerksamkeit fehlen. Dieser äußerte mit keinem Wort sein Mißfallen und legte beim Verlassen des Badehauses 10 Silbergroschen als Trinkgeld auf die Spiegelkonsole. Die Badediener waren über diese hohe Zuwendung nicht wenig verwundert und freuten sich über alle Maßen.

Als unser Hodscha eine Woche später wieder ins Badehaus kam, behandelten ihn die Badediener mit größter Zuvorkommenheit. Diesmal erhielt der Hodscha einen Lendenschurz aus Seide und schön verzierte Frottiertücher. Wiederum ließ der Hodscha kein Wort verlauten und legte beim Gehen einen Silbergroschen auf die Spiegelkonsole. Die Badediener waren über das kärgliche Trinkgeld empört.

«Wart Ihr heute nicht zufrieden?» fragten sie den Hodscha.

«Die Sache müßte euch ganz natürlich erscheinen», entgegnete der Hodscha. «Der Silbergroschen, den ich heute gab, gilt als Trinkgeld für den vorigen Badebesuch. Die 10 Silbergroschen, die ich euch damals gab, sind das Trinkgeld für die heutige Bedienung.»

Unser Hodscha weckte mitten in der Nacht seine Frau.

«Gib schnell meine Brille her, bevor mir die Augen wieder zufallen!» sagte er erregt zu ihr.

Seine Ehehälfte tat wie geheißen, wollte aber wissen, warum er so unruhig schlafe und dringend der Brille bedürfe.

«Ich bin mitten in einem herrlichen Traum und möchte da einiges deutlicher sehen», entgegnete der Hodscha.

Einer Einladung folgend traf unser Hodscha eines Tages mit Verspätung im Haus des Gastgebers ein. Die Tafel war schon aufgehoben. Da der Hausherr glaubte, auch der Hodscha habe bereits gegessen, begnügte er sich, ihm Getränke anzubieten, und wünschte ihm, nachdem er eine Weile mit ihm geplaudert hatte, eine gute Nacht. Der Hodscha wurde nun vom Diener in ein Zimmer geführt, in dem ein herrliches Bett für ihn aufgeschlagen war. Sich selbst überlassen, verspürte unser Hodscha noch heftigeren Hunger, und es gelang ihm nicht, einzuschlafen.

Schließlich erhob er sich völlig entnervt von seinem Lager und begann im Zimmer auf und ab zu gehen. Der Schlaf floh ihn aber weiterhin, und er war nahe daran, den Verstand zu verlieren. Er begab sich in die Vorhalle und klopfte an die Tür eines Zimmers.

«Was ist denn los?» fragte jemand von drinnen.

Flehentlich entgegnete unser Hodscha:

«Sie haben mich durch Ihre überaus große Gastfreundschaft beschämt. Das Bett ist wundervoll. Allein ich gehöre zu den Menschen, die in Not und Elend aufgewachsen sind. Wir armen Menschen finden in solch feinen, weichen Betten keinen Schlaf. Wenn Sie die Güte hätten, mir ein Semmelbrot zu geben, würde das mir mehr Freude bereiten. Ich breche ein Stück davon ab und gebrauche es als Kopfkissen, und mit dem Rest decke ich mich zu. Dann werde ich einen ganz süßen Schlaf haben.»

Einer der Armen der Stadt Akşehir hatte sich ein Stück Brot verschaffen können. Während er darüber nachdachte, wie er es anstellen müßte, um eine Zuspeise zu erhalten, kam er vor eine Gaststätte. In dem offenen Lokal war der Koch gerade dabei, das Essen zuzubereiten.

Der Fleischkessel dampfte und verbreitete einen herrlichen Duft, der auch dem Armen in die Nase stieg. Dieser beugte sich über den Kessel, brach das Brot und ließ jedes Stück vom ausströmenden Dampf bestreichen.

Diese Art, sein Mahl zu halten, verblüffte den Koch, und er schaute eine Weile wortlos zu. Doch als der Arme sein Mahl beendet hatte, packte er ihn am Kragen und forderte ihn auf, für das Essen zu zahlen.

Der Arme lehnte indes dieses Ansinnen ab, indem er beteuerte, er habe doch nicht einen Bissen von dem Fleischgericht verzehrt.

Der Koch schleppte den Armen vor den Kadi. Dieses Amt übte zu jener Zeit unser Hodscha aus. Nachdem der Hodscha die beiden Parteien schweigend angehört hatte, wie es bei einer ordentlichen Gerichtsverhandlung üblich ist, holte er zwei Silbergroschen aus der Tasche und winkte den Koch zu sich heran.

«Tritt näher und spitz die Ohren!» sagte er und ließ die beiden Geldstücke klimpern. «Nimm den Klang des Geldes und scher dich fort!»

«Das ist doch keine Verhandlung», protestierte der Koch.

«Doch! Mit diesem Urteil wird der Gerechtigkeit Genüge getan. Wer den Duft des Essens verkauft, hat lediglich Anspruch auf das Klimpern des Geldes.»

Unser Hodscha stand lange Zeit bei einem Krämer mit 53 Silbergroschen in der Kreide. Als er eines Tages mit seinem Freund unter der Kuppel des großen Basars saß, kam der Krämer des Wegs und erblickte seinen säumigen Schuldner. Er fuchtelte mit den Händen und gab dem Hodscha durch Gesten zu verstehen, daß er gute Lust habe, ihn vor seinem Freund zu blamieren, wenn er nicht sofort mit dem Geld herausrücke.

Unser Hodscha wandte den Kopf zur Seite, was aber den Krämer nicht hinderte, ihn wieder mit drohender Gebärde ins Auge zu fassen.

Der Hodscha, dem ein solches Benehmen auf die Nerven ging, schüttelte einige Male mißbilligend den Kopf, tat einen Stoßseufzer und murmelte ein «Allah hat Macht über alle Dinge!» vor sich hin. Doch sein Gegenüber gehörte nicht zu den Teufeln, die sich mit diesem Koranspruch in die Flucht schlagen lassen. Der Krämer rückte dem Hodscha immer dichter auf den Leib.

«O Herr, laß mich nicht zuschanden werden! Steh mir gegen diesen Rüpel bei!» stöhnte unser Hodscha.

Die Situation wurde immer peinlicher, denn sein Freund neben ihm begann stutzig zu werden. Zu guter Letzt winkte der erzürnte Hodscha den Krämer heran.

«Sag mal, wieviel Silbergroschen bin ich dir eigentlich schuldig, Krämer?»

«Dreiundfünfzig!»

«Schön, komm morgen zu mir und hole dir 28 Silbergroschen ab! Übermorgen kannst du weitere 20 Silbergroschen kassieren, das sind 48 Silbergroschen. Bleiben also fünf lumpige Silbergroschen. Stimmt's? Du ungehobelter Bursche, schämst du dich nicht, wegen fünf lumpiger Silbergroschen mir hier auf dem Basar einen Skandal zu machen? Man möchte weinen über dich. Geh mir jetzt aus den Augen!»

Man brachte unserem Hodscha die Nachricht, seine Schwiegermutter sei beim Waschen am Flußufer ausgerutscht, in den Fluß gefallen und ertrunken. Ihre Leiche habe man noch nicht finden können. Der Hodscha begab sich sogleich zu der Uferstelle, stieg ins Wasser und begann flußaufwärts zu waten.

«Es ist doch unsinnig, die Leiche flußaufwärts zu suchen, Hodscha. Du mußt der Strömung folgen, wenn du sie finden willst», sagten die Umstehenden.

Unser Hodscha schüttelte den Kopf.

«Ihr wißt ja nicht, wie widersetzlich meine Schwiegermutter ist. Niemand kennt sie besser als ich. Sie liebte es, immer das Gegenteil zu tun.»

Ein Nachbar spielte unserem Hodscha denselben Streich, mit dem dieser zuvor den Kadi von Konya geärgert hatte. Das geschah auf folgende Weise:

Der Hodscha bat seinen Nachbarn, ihm aus der Stadt Olivenöl mitzubringen. Der Mann füllte aber die Flasche mit Urin und tat nur eine dünne Schicht Olivenöl darüber. An jenem Tag hatte der Hodscha Auberginen gekauft. Als der Mann die Flasche brachte, traf die Frau des Hodscha gerade Anstalten, die Auberginen zu schmoren. Sie setzte die Pfanne aufs Feuer und goß in sie einiges vom Inhalt der Flasche. Es brotzelte und zischte in der Pfanne und ein fürchterlicher Gestank verbreitete sich im Raum. Da erkannten der Hodscha und seine Frau, daß es sich um gelben Urin handelte.

«Warte, du Spitzbube! Ich werde es dir heimzahlen», sagte unser Hodscha.

Nachdem einige Tage verstrichen waren, beschaffte sich der Hodscha zwei gleiche Schnupftabakdosen. In die eine tat er Schnupftabak und in die andere ein scheußliches Niespulver. Besagter Nachbar war nicht nur auf Streiche, sondern auch auf Schnupftabak versessen. Unser Hodscha stellte sich an einer Straßenkreuzung auf, wo der Nachbar vorüberzukommen pflegte. Als er ihn endlich kommen sah, nahm er ganz begierig eine Prise Schnupftabak zu sich und ließ dabei einen wohligen Seufzer vernehmen.

«Herrlich, dieser Schnupftabak! Duftet wie Amber! Wie

das guttut!» Mit dergleichen Worten und Gesten stachelte er die Begierde des Nachbarn auf und bewirkte, daß dessen Nase zu tropfen begann.

«Laß mich auch ein bißchen von deinem Amberduft kosten», sagte endlich der Nachbar.

«Das ist ein ganz kostbarer Schnupftabak», erwiderte der Hodscha. «Der Kadi, der davon eine Menge geschenkt bekam, hatte die Güte, mir diese Dose hier zu füllen.» Der Hodscha hielt seinem bösen Nachbarn die offene Dose unter die Nase, worauf er sie wieder einsteckte.

Der Nachbar verlegte sich nun aufs Bitten, und unser Hodscha tat, als ob er sich erweichen ließe.

Nun holte er die zweite Dose hervor, die mit dem scheußlichen Niespulver gefüllt war, und gestattete dem Nachbarn, sich eine tüchtige Prise zu nehmen. Doch als dieser die Prise in die Nase einzog, befiel ihn eine solche Übelkeit, daß er fast die Besinnung verlor.

«Möge Allah dich strafen! Was ist das, Hodscha?» rief der Nachbar.

«Genau das, was sich letzthin unter dem Olivenöl befand», entgegnete der Hodscha.

ALS SICH UNSER HODSCHA IN KONYA AUFHIELT, wurde er bei dem dortigen Oberrichter vorstellig, um eine Stelle als Kadi zu erlangen. Der Oberrichter sagte dem Hodscha, daß keine Stelle frei sei, da kurz zuvor überall im Land neue Kadis ernannt worden seien. Hierauf bat der Hodscha um einen geeigneten Posten in der Hauptstadt. Doch der Oberrichter versicherte ihm, daß er leider nichts für ihn tun könne.

«Ich werde Euch nun bitten, mir eine Stelle zu geben, von der ich weiß, daß sie nicht besetzt ist», sagte schließlich der Hodscha. «Es ist ein Amt, um das sich niemand bewirbt. Auch steht nicht zu befürchten, daß ich dieses Amtes wegen beneidet werde. Weder für die Regierung noch für die Bevölkerung entsteht durch dieses Amt irgendein Schaden, während es für Euer Ehren eine Hilfe bedeutet. Es befreit Euch von der Bürde schwieriger Fälle, mit denen Ihr nicht zu Rande kommt.»

«Schön, laß mich wissen, um welche Funktion es sich handelt, damit ich die Bestellung vornehmen kann», antwortete der Oberrichter.

«Ich bitte Euch, mich Euer Ehren als Schattenrichter beizuordnen», sagte der Hodscha.

Diese Amtsbezeichnung erregte das Wohlgefallen des gestrengen Oberrichters und seiner Gehilfen.

«Es soll geschehen! Ich ernenne dich hiermit zum Schattenrichter. Der Raum nebenan möge dir als Amtszimmer dienen», sagte der Oberrichter und ließ unseren Hodscha sogleich in das anliegende Zimmer führen.

Der Hodscha nahm höchst würdevoll von dem Raum Besitz. Er ließ einen Schreibtisch hineinstellen, auf dem sich alsbald die Akten türmten.

Eines Tages erschien vor dem Oberrichter ein Mann, der Klage führte gegen einen Bürger, den er vor die Schranken des Gerichts gezerrt hatte.

«Dieser Mann hier schuldet mir Geld. Er weigert sich zu zahlen», sagte der Kläger.

«Worauf stützt sich deine Forderung?» fragte der Richter.

«Dieser Mann spaltete 30 Meter Holz für den hochwohlgeborenen Saradscheddin Efendi. Ich stand daneben. Sooft er das Beil schwang, rief ich: ‹Gib's ihm!› Dieser Zuruf verlieh ihm Kraft. Durch diese Aufmunterung hatte ich Anteil am Erfolg seiner Arbeit, doch als er seinen Lohn erhielt, wollte er mir nicht einen Piaster für meine Mithilfe geben», fuhr der Kläger fort.

Vom Oberrichter befragt, bestätigte der Beklagte den Sachverhalt und gab zu, daß ihm der Kläger «Gib's ihm!» zugerufen habe. Der Oberrichter war verblüfft und wußte nicht, wie er weiter verfahren sollte. Während er nachdachte, was nun zu geschehen habe, fiel ihm der Schattenrichter ein.

«Ich kann mich mit diesem Fall nicht befassen. Für dergleichen Prozesse ist der Schattenrichter zuständig, der hier nebenan amtiert», sagte der Oberrichter und befahl dem Gerichtsdiener, die beiden Parteien vor den Hodscha zu führen.

Nachdem der Hodscha beide Parteien angehört hatte, sagte er zum Kläger:

«Natürlich hast du recht! Du hast danebengestanden und hast dich heiser geschrien mit deinem ‹Gib's ihm!›. Und der andere steckt sich das ganze Geld ein. Einfach unerhört!»

«Ich bitte Euch, Herr Richter, das Holz habe ich gespalten! Wie kann derjenige, der mir dabei zuschaut, Forderungen erheben?» warf der Beklagte ein.

«Schweige!» rief der Hodscha. «Das geht offenbar über deinen Verstand. Der Mann muß seinen Anteil bekommen. Schaffe mir ein Zahlbrett her!»

Man brachte dem Hodscha das gewünschte Zahlbrett, worauf sich dieser von dem Mann, der das Holz gespalten hatte, den für die Arbeit gezahlten Lohn aushändigen ließ. Er zählte das Geld, indem er Münze für Münze auf das Zahlbrett fallen ließ, so daß es vernehmlich klimperte.

«So, nun streich das Geld ein!» sagte der Hodscha zu dem Arbeiter.

Dann wandte er sich dem Nichtstuer zu, der «Gib's ihm» geschrien hatte.

«Dir steht es lediglich zu, dem Klimpern der Geldmünzen zu lauschen!» Diese Entscheidung unseres Hodscha erregte die Bewunderung der Zuhörer.

Eines Tages erschienen wieder zwei Männer vor dem Oberrichter, der sie aufforderte, ihren Fall darzulegen.

«Ich sah diesen Mann hier mit einer Last Holz auf dem Rücken des Wegs kommen», begann der Kläger. «Er wankte unter der zu schweren Last und brach schließlich zusammen. Er bat mich, das Holz, das zur Erde gefallen war, aufzunehmen und mir aufzuladen. Ich fragte ihn, was er mir dafür geben wolle. ‹Nichts!› antwortete er. ‹Schön›, sagte ich und willigte ein, die Last für ihn zu tragen. Als ich aber das mir versprochene Nichts verlangte, weigerte er sich, seine Schuld zu begleichen. Ich bestehe auf einem Nichts und ersuche das hohe Gericht, mir zu meinem Recht zu verhelfen.»

Der Oberrichter verwies auch diese beiden Männer an den Schattenrichter, der sich bei der Lösung schwieriger Rechtsfragen bereits bewährt hatte. Nachdem unser Hodscha an den Kläger die üblichen Fragen gerichtet und von diesem alle Umstände und Einzelheiten erfahren hatte, sagte er:

«Jawohl, du bist im Recht. Ein gegebenes Versprechen muß eingehalten werden. Deine Forderung kann nicht bestritten werden.»

Mit diesen Worten deutete der Hodscha auf einen kleinen Gebetsteppich, der die Holzbank zierte, auf der er saß.

«Tritt näher, mein Lieber, und hebe mal diesen Teppich hoch! Was ist darunter?»

«Nichts!»

«So nimm es schon! Was stehst du noch herum? Kassiere deine Forderung und scher dich fort!»

NACH DEM TOD SEINER ERSTEN FRAU HEIRATETE unser Hodscha eine Witwe. In dem neuen Ehestand pflegte der Hodscha des öfteren die Vorzüge seiner ersten Frau zu preisen, wodurch sich die neue Ehehälfte gekränkt fühlte und von den Tugenden ihres ersten Ehemanns zu schwärmen anfing.

Unser Hodscha war über die Reden seiner Frau so erbost, daß er sie eines Nachts mit dem Fuß aus dem Bett stieß. Die Frau fiel zu Boden und verstauchte sich den Arm. Ihre Entrüstung war grenzenlos, und sie beschwerte sich bei ihrem Vater, der am anderen Tag zu Besuch kam. Da er ein sehr erfahrener Mann war, nahm er die Klagen seiner Tochter nicht allzu ernst und begnügte sich, unseren Hodscha nach dem Grund seines sonderbaren Betragens zu fragen.

«Ich will dir gern Rede und Antwort stehen, lieber Schwiegerpapa», entgegnete der Hodscha. «Die Sache ist sehr einfach. Meine Wenigkeit ist eine Person, hinzukommt als zweite Person mein verstorbenes Eheweib, mit der neuen Frau sind wir drei und mit deren erstem Ehemann vier Personen. Finden in dem schmalen Bett eines armen Hodscha vier Personen Platz? Es ist doch ganz natürlich, daß da einer den anderen stößt. Deine Tochter lag dicht an der Bettkante, und so geschah das Unglück. Ich kann wirklich nichts dafür.»

Als der Hodscha eines Tages mit grossem Appetit sein Mahl verzehrte, sagte einer, der ihm dabei zuschaute:

«Warum gebrauchst du beim Essen fünf Finger?»

«Ich würde mit sechs Fingern essen, aber leider habe ich nur fünf», entgegnete prompt unser Hodscha.

IN AKŞEHIR WAR EIN HOCHFAHRENDER POLIZEIpräfekt eingesetzt worden. Dieser ordnete an, jedermann solle die Zubereitungsart der ihm bekannten Gerichte aufzeichnen, da er ein Kochbuch herauszubringen beabsichtige. Obwohl diese Anordnung die höher gestellten Persönlichkeiten der Stadt betraf, kam sie auch unserem Hodscha zu Ohren.

Am nächsten Tag suchte der Hodscha einen der Honoratioren auf und sagte:

«Das geplante Kochbuch unseres hochlöblichen Polizeipräfekten hat die ganze Nacht bis zum frühen Morgen meine Gedanken beschäftigt. Es gelang mir, ein bislang unbekanntes, auserlesenes Gericht zu ersinnen. Die Art der Zubereitung ist sehr einfach, und doch schmeckt es ganz vorzüglich!»

«Laß hören!» sagte der hohe Herr.

«Man tue recht viel Knoblauch in den Honig und das Essen ist fertig», sagte unser Hodscha.

Der hohe Herr war einfältig genug, mit dem Rezept des Hodscha zum Polizeipräfekten zu eilen.

«Wir haben hier in unserer Gemeinde einen sehr erfahrenen und belesenen Hodscha. Manchmal neigt er auch zu Schrullen. Nun, besagter Hodscha vertraute mir das Rezept für ein ausgefallenes Gericht an, Herr Präfekt!» begann er und beschrieb die mit viel Knoblauch gewürzte Honigspeise.

Der Präfekt, dem es bedenklich an Bildung mangelte, äußerte Verwunderung und begab sich schnell nach Hause, um schon beim Abendessen die neue Speise zu kosten. Es bedarf kaum der Erwähnung, daß etwas völlig Ungenießbares zustande kam und der Präfekt darüber in Zorn geriet. Am nächsten Morgen ließ er den Hodscha ausfindig machen und befahl, ihn auf der Stelle vorzuführen.

«Bist du der Mann, der dieses famose Gericht ersonnen hat?» donnerte er unseren Hodscha an.

«Ja, ich, Euer Gnaden ergebener Diener», entgegnete unser Hodscha.

Da befahl der Präfekt, dem Hodscha, der noch nicht gefrühstückt hatte, das von ihm erdachte Gericht vorzusetzen. Als unser Hodscha den mit Knoblauch versetzten Honig hinunterwürgte, verrieten seine Gebärden, daß es scheußlich schmeckte.

«Warum verziehst du denn das Gesicht?» fragte der Präfekt. «Iß dich tüchtig satt! Ich denke, der Mensch hat an seines eigenen Geistes Kindern besonderes Wohlgefallen. Stimmt's?»

«Sie haben durchaus recht, Herr Präfekt», erwiderte unser Hodscha. «Allein, es ist zu bedenken, daß Euer Gnaden ergebener Diener eine Erfindung gemacht hatte, die noch der Erprobung bedurfte. Diese erfolgte soeben und dabei stellte sich heraus, daß die Theorie von der Praxis widerlegt wird. Auch ich finde dieses Gericht abscheulich.»

Unserem Hodscha war ein Sohn geboren worden.

«Komm, Hodscha, nimm die Namensgebung vor!» sagten die Frauen zu ihm.

Nachdem er dem Neugeborenen den Gebetsruf «Allah ist groß» ins Ohr geraunt hatte, rief er:

«Ich heiße dich Fatima, Sohn des Nasreddin.»

«Du kannst deine dummen Späße einfach nicht lassen», ereiferte sich die alte Hebamme. «Gib endlich dem Kind einen Namen, so wie sich's gehört!»

«Das habe ich doch eben getan», antwortete unser Hodscha.

«Es ist doch ein Junge! Hat man dir das etwa nicht gesagt?»

«Doch! Ich bin aber der Meinung, daß ein Junge seiner männlichen Attribute nicht verlustig geht, wenn er einen weiblichen Namen bekommt. Ehrlich gesagt, es geschieht aus Liebe zu meiner Frau. Sollte sie eines Tages von mir genommen werden, gedenke ich ihrer, sooft ich meinen Sohn beim Namen rufe. Kann es ein schöneres Andenken geben?»

Eines Tages liess es sich der Hodscha einfallen, in einen fremden Garten zu gehen und dort auf einen Aprikosenbaum zu klettern. Während er sich an den Aprikosen gütlich tat, kam der Besitzer des Gartens und fragte ihn, was er auf dem Baum zu schaffen habe.

«Ich bin eine Nachtigall», antwortete der Hodscha. «Ich singe.»

«Na schön», gab der Mann zurück, «dann sing mal, ich will dir lauschen!»

Der Hodscha schmetterte los.

«Eine Nachtigall singt aber anders», sagte der Mann und hielt sich den Bauch vor Lachen.

«Von einer Anfängerin darf man nicht mehr erwarten», entgegnete der Hodscha.

Eines Tages wurde der Hodscha gefragt, ob er jemanden in der Stadt Akşehir kenne, dem man Geheimnisse anvertrauen könne.

«Da ich mir bewußt bin, daß das Herz des Volkes nicht meine Vorratskammer ist, habe ich bisher niemandem Geheimnisse anvertraut», antwortete der Hodscha.

Während einer festlichen Veranstaltung, zu der auch unser Hodscha eingeladen war, passierte dessen Tischnachbarn das Malheur, daß ihm ein Furz entfuhr. Damit man es nicht merkte, trat er mit dem Fuß auf und ließ die Diele ächzen.

«Das Geräusch hast du unübertrefflich nachgeahmt, was machst du aber mit dem Gestank?» bemerkte unser Hodscha.

EIN PERSER AUS ASERBEIDSCHAN, DER DES LESENS und Schreibens unkundig war, hatte einen Brief in seiner Muttersprache bekommen. Zufällig begegnete er unserem Hodscha, den er bat, ihm den Brief vorzulesen und den Inhalt zu erklären. Als der Hodscha den Brief in die Hand nahm, sah er, daß er von äußerst flüchtiger Hand geschrieben war.

«Bemühe einen anderen!» sagte er und wollte den Brief zurückgeben.

Da ihn aber der Perser weiter hartnäckig darum bat, war unser Hodscha genötigt, einzugestehen, daß er der persischen Sprache nicht mächtig sei. Er tat dies mit folgenden Worten:

«Das Persische bereitet mir einiges Kopfzerbrechen. Vor allem die persischen Schriftzüge bringen mich zur Verzweiflung, nicht mal Türkisch könnte ich lesen, wenn es in einem dieser Schriftzüge geschrieben wäre», bemerkte der Hodscha.

«Persisch kannst du nicht und lesen kannst du auch nicht!» entrüstete sich der Perser. «Dann gib dich doch nicht als Hodscha aus und lege gefälligst deinen riesigen Turban und den Pelzrock ab, in dem du herumzustolzieren pflegst!»

Nun war unser Hodscha an der Reihe, wütend zu werden.

Er entledigte sich seines Pelzrocks und seines Turbans

und überreichte beide Insignien der Hodscha-Würde dem Perser, wobei er sagte:

«Setz dir den Turban auf und zieh den Pelzrock an! Wenn du damit zwei Zeilen lesen kannst, will ich dich beglückwünschen!»

EINMAL WAREN EIN KADI UND EIN KAUFMANN Weggefährten unseres Hodscha. Um ein Gespräch in Gang zu bringen, warf der Richter die Bemerkung hin, dem Hodscha sei sicherlich bei seinen Predigten mancher Fehler unterlaufen, heiße es doch im Sprichwort: «Wer viel spricht, irrt oft.»

Der Hodscha bejahte spontan.

«Bei einer Predigt verhedderte ich mich und sagte, den Koran zitierend, fälschlicherweise ‹Ein Kadi brennt im Höllenfeuer› statt ‹Zwei Kadis brennen im Höllenfeuer›. Bei diesem falschen Zitat blieb es aber nicht. Ein anderes Mal war mir das arabische Wort für ‹Wüstling› entfallen, und ich sagte zu den Gläubigen: ‹Dem Kaufmann gebühren Höllenstrafen.›»

Die beiden Weggefährten fühlten sich von der Rede des Hodscha getroffen.

«Du bist einfach nicht zu schlagen», versetzte der Kadi. «Ich glaube fast, du bist in deiner Schläue fähig, die gewiegtesten Wortverdrehungen zu überspielen. Und wenn du willst, gibst du dir den Anschein eines vollendeten Tölpels.»

Der Hodscha stellte sich hierauf zwischen seine beiden Weggefährten und sagte, zum Kadi gewandt:

«Du überschätzt mich, mein Lieber. Dir komme ich im Wortverdrehen nicht gleich.» Und auf den Kaufmann deutend, fügte er hinzu: «Es gibt größere Tölpel als mich. Ich halte wohl mehr die Mitte und dürfte von beiden etwas haben.»

Unser Hodscha hatte eine Anzahl Wachteln erlegt, ausgenommen und gebraten. Danach brach er auf, um seine Freunde zum Essen einzuladen. Die gebratenen, duftenden Wachteln dünkten ihm ein überzeugendes Argument gegen diejenigen unter ihnen, die seine Vogeljagden verabscheuten. Vor dem Weggehen deckte er den Brattiegel zu. Allein, in seiner Abwesenheit schlich sich einer seiner Freunde ins Haus, nahm die gebratenen Wachteln aus dem Tiegel und tat dafür lebende hinein.

Als sich die Gäste eingefunden hatten und das Essen aufgetragen wurde, hob unser Hodscha mit stolzer Miene den Deckel vom Tiegel, worauf die Wachteln, die Flügel schlagend, im Nu entschwanden. Es dauerte eine Weile, bis unser verblüffter Hodscha die Sprache wiederfand.

«O Allmächtiger!» rief er endlich. «Du hast es für gut befunden, die Wachteln dem Leben zurückzugeben. Wer gibt mir aber das Fett, das Salz, den Pfeffer und die anderen Zutaten wieder, die ich für diese liebenswerten Geschöpfe aufgewendet habe?»

Die Frau unseres Hodscha war gestorben. Er machte keineswegs den Eindruck, als trauere er um sein Eheweib. Als einige Zeit danach sein Esel verschied, war er tief bekümmert. Seinen Freunden fiel das auf.

«Dein Esel ist schon zehn Tage tot und wir sehen dein Antlitz noch immer umwölkt. Du hörst nicht auf, den Tod deines Esels zu beklagen. Deiner Frau aber hast du damals kaum einen Tag nachgeweint.»

«Als meine Frau starb, fanden sich die Nachbarn bei mir ein und sagten: ‹Nimm's nicht zu schwer, lieber Hodscha. Wir sorgen dafür, daß du bald Ersatz bekommst. Wir verschaffen dir eine neue und bessere.› Aber beim Tod meines lieben Esels kam niemand, um mir solchen Trost zu spenden», entgegnete der Hodscha.

Zur Zeit des Hodscha lebte in Konya ein sehr bestechlicher Kadi, der unseren Hodscha monatelang mit der Ausfertigung eines Urteils hinhielt. Als der Hodscha einsah, daß bei diesem Kadi weder durch freundliche Erinnerung noch durch energische Anmahnung etwas zu erreichen war, entschloß er sich nach Konya zu reisen, wo er dem Kadi als Geschenk einen riesigen Topf überreichen ließ. Der Kadi beeilte sich, den Inhalt des Topfs in Augenschein zu nehmen. Reiner Honig leuchtete ihm entgegen. Sofort begab er sich in die Empfangshalle, begrüßte unseren Hodscha überaus freundlich und gab ihm die gewünschte Urkunde. Der Hodscha steckte das Schriftstück ein und verabschiedete sich, dem Kadi einen vielsagenden Blick zuwerfend.

Zwei Tage später erhielt der Kadi von einem anderen Gesuchsteller eine Schüssel Sahne, die ihn auf den Gedanken brachte, sich ein Honigdessert zuzubereiten. Als er aber mit dem Schöpflöffel in den Honigtopf fuhr, kam unter der dünnen Honigschicht eine dunkle, lehmige Masse zum Vorschein. Es bedarf kaum der Erwähnung, daß der Kadi von großem Zorn gepackt wurde. Er rief den Gerichtsdiener zu sich und sagte:

«Schau mal, wo diese Witzfigur steckt, die sich Nasreddin Hodscha nennt! Bring ihn unter irgendeinem Vorwand hierher!»

Der Gerichtsdiener traf unseren Hodscha auf einem Basar an, wo er vor seiner Abreise noch einige Einkäufe zu machen gedachte. Nach einigen überschwenglichen Ehrbezeigungen und Verbeugungen sagte der Gerichtsdiener zu unserem Hodscha:

«In den Text des Urteils hat sich ein Fehler eingeschlichen, verehrter Hodscha! Der Kadi ist Euch sehr zugetan und möchte deshalb die Berichtigung unverzüglich vornehmen. Gebt mir also das Urteil! Ihr werdet es gleich wieder zurückbekommen.»

Diese Worte entlockten unserem Hodscha ein spöttisches Lächeln.

«Ich finde, das Urteil ist ganz in Ordnung. Die getreuen Beamten in der Kanzlei haben den Fehler bereits ausgemerzt. Nicht das Urteil, sondern der Charakter des Kadi bedarf der Berichtigung. Ihm tut dringend Besserung nötig», entgegnete unser Hodscha und traf die letzten Anstalten zur Heimreise.

Unser Hodscha hatte geheiratet. Bereits fünf Tage nach der Hochzeit bekam seine Frau ein Kind. Am nächsten Tag ging er auf den Basar und kehrte mit einem Schulranzen, einem Schreibzeug und einer Fibel zurück. Diese Sachen legte er an das Kopfende der Wiege.

Als man ihm sagte, diese Anschaffungen seien doch reichlich verfrüht, meinte er:

«Keineswegs! Bei einem Jungen, der einen Weg, für den man neun Monate benötigt, in fünf Tagen bewältigt, ist damit zu rechnen, daß er in wenigen Tagen zur Schule geht. Da ich gerade über einen Spargroschen verfügte, hielt ich es für angebracht, die Schulsachen gleich zu kaufen.»

Als unser Hodscha noch ein kleiner Junge war, beobachtete er durch ein Loch in der Küchentür, wie seine Mutter eine Anzahl Fische briet, unter denen sich größere und kleinere befanden, und er hörte sie zu seinem Vater sagen:

«Gleich wird der Junge da sein! Stell schnell die Schüssel mit den großen Fischen unters Bett! Ich setze ihm die kleineren vor. Sobald er wieder fort ist, holen wir die großen hervor und tun uns an ihnen gütlich!»

In diesem Augenblick trat unser künftiger Hodscha ein und wurde auch sogleich zu Tisch gebeten. Die Mutter trug die kleinen Fische auf. Sofort nahm sich der Hodscha einen und hielt ihn an sein Ohr.

«Was soll dieser Unsinn, Junge?» herrschte ihn sein Vater an.

«Ich hab den Fisch etwas gefragt», versetzte der Hodscha.

«Was?»

«Ich wollte von ihm erfahren, wie groß der Fisch war, von dem einst der Prophet Jonas verschluckt wurde. ‹Ich weiß es nicht›, hat er gesagt. ‹Wende dich an meine älteren Brüder, die sich unter das Bett dort versteckt haben, sie wissen besser Bescheid!›»

Eines Tages wurde unser Hodscha von gewissen Leuten überredet, vor Gericht eine falsche Aussage zu machen. In der Verhandlung verlangte der Kläger vom Beklagten die Lieferung von Weizen. Als der Kadi den Hodscha in den Zeugenstand rief, sprach er von Gerste.

«Du sollst doch Weizen sagen! Verbessere dich!» zischten ihm die Auftraggeber zu.

«O ihr Dummköpfe!» gab der Hodscha zurück. «Da hier gelogen wird, macht es keinen Unterschied, ob es sich um Weizen oder Gerste handelt!»

Als man den Hodscha fragte, welche Musik er am meisten liebe, antwortete er: «Die der Teller und der Schüsseln!»

«Was ist bloß in deinen Jungen gefahren?» sagte eines Abends Nasreddin Hodschas Ehehälfte. «Er weint den lieben langen Tag und will sich einfach nicht beruhigen. Sorge du dafür, daß er endlich aufhört! Ich weiß mir nicht mehr zu helfen. Gib ihm ein Schlafmittel oder sprich ihm das Gebet von den Leuten in der Höhle vor! Laß dir irgend etwas einfallen! Ich habe mir vor lauter Schaukeln und Hoppehoppereiten die Arme ausgerenkt und bin einer Ohnmacht nahe!»

Von seiner Frau solchermaßen bestürmt, entgegnete unser Hodscha:

«Gemach, liebe Frau! Rege dich bitte nicht unnütz auf! Auch hier läßt sich Rat finden. Ja, da kommt mir schon der rettende Gedanke! Nimm mal das große Buch dort vom Regal, schlag es vor dem Jungen auf und drehe hin und wieder ein paar Seiten um!»

«Was soll das? Ich glaube bald, ich bin nur noch da, um von dir gehänselt zu werden», rief seine Frau, vollends in Wut geratend. «Oder du willst mich gar loswerden, wie? Ja, da nimmt man sich eine neue Frau, und nachdem man eine Weile seinen Sinnen gefrönt hat, kann auch diese ihr Bündel packen. Nein, mein Lieber! Vergiß nicht, daß ich mich 30 Jahre in diesem Haus abgerackert und mit meinem Haar den Boden gescheuert habe! Wenn ich auch die Mutter des Kindes bin, so mindert das nicht im geringsten deine väterlichen Pflichten. Hier hört jeder Spaß auf!»

«Warum so ungestüm, liebe Frau?» versetzte unser Hodscha besänftigend. «Muß man gleich Feuer speien und über den Ehemann herfallen? Du tätest besser daran, nach meinen Anweisungen zu handeln. Bring mich nicht unnötig in Harnisch!»

Einen Augenblick lang mäßigte sich die Frau, ging aber bald erneut zum Angriff über.

«Schön! Aber sag mir, was ist das für ein Buch? Soll ich etwa damit den Jungen einschläfern?»

«Und ob! Zähme mal deine Zunge und hör mich ruhig an! Dieses dicke Buch ist kein Schmöker, sondern ein Gebets- und Erbauungsbuch. Ich brauche es in der Moschee nur aufzuschlagen und schon fallen unseren hochwürdigen Mollas die Augen zu. Einige schnarchen sogar, ehe ich daraus vorzulesen beginne. Wenn das Buch schon auf ehrwürdige, bärtige und betagte Männer einen solchen Zauber ausübt, um wieviel mehr ist es dazu geschaffen, dieses zarte Kindchen in den Schlaf zu wiegen?»

Der Esel unseres Hodscha war verendet. «Ohne Esel können wir nicht auskommen», sagte seine Frau. «Hier sind 6 Piaster. Geh auf den Basar und besorge einen neuen!» Mit diesen Worten drückte sie dem Hodscha das Geld in die Hand, und er tat, wie ihm geheißen worden war.

Auf dem Nachhauseweg zog er das Tier am Halfter hinter sich her, ohne sich auch nur ein einziges Mal umzuwenden. Zwei Spitzbuben, die ihn beobachtet hatten, machten sich das zunutze. Sie pirschten sich an den Esel heran und lösten unmerklich das Halfter von seinem Hals. Während sich der eine das Halfter über den Kopf stülpte und hinter dem Hodscha hertrottete, trieb der andere den Esel auf den Basar zu, wo er ihn verkaufte. Das Geld wollte er verabredungsgemäß mit seinem Kumpan teilen.

Vor seinem Haus angelangt, drehte sich der Hodscha endlich um und staunte nicht wenig, als er an Stelle des Esels einen Menschen erblickte.

«Das ist aber eine Überraschung!» rief er. «Wie kommst du hierher und wer bist du?»

Der so Angeredete tat einen Seufzer, kniff die Augen zusammen und erwiderte mit kläglicher Gebärde:

«Ach, Herr! Habt Nachsicht mit einem hilflosen, unwissenden Menschen! Ich hatte in Gegenwart meiner Mutter eine riesige Eselei begangen. Sie war der Verzweiflung nahe und rief in ihrem Zorn: ‹Ich wünschte, du wärst ein richtiger

Esel!› Im Nu wurde ich in einen Esel verwandelt. Man brachte mich auf den Basar und bot mich dort feil. Sie haben mich gekauft. Unterwegs hab ich dank der wundertätigen Wirkung, die von Eurer heiligen Person ausgeht, wieder Menschengestalt annehmen dürfen.» Der Spitzbube überhäufte hierauf unseren Hodscha mit Danksagungen, worauf dieser entgegnete:

«Laß es dir eine Lehre sein und hüte dich künftig, böse Streiche zu begehen!» Mit solchen und ähnlichen Ermahnungen ließ ihn der Hodscha laufen.

Als er am nächsten Tag auf den Basar ging, um abermals einen Esel zu erstehen, begegnete er demselben Tier, das er am Vortag gekauft hatte. Ein Makler führte es herum und pries es laut an. Unser Hodscha trat schnell an den Esel heran und neigte sich zu seinem Ohr. «Du böser Schlingel! Hast also meine Worte nicht beherzigt und deine Mutter wieder erbost, wie?»

Ein Derwisch aus einem Orden der Entsagung, der im Ruf stand, einen erleuchteten Geist zu besitzen und die höchste Stufe der Erkenntnis erklommen zu haben, stellte eines Tages unserem Hodscha die Frage, ob er sich in dieser Welt lediglich berufen fühle, Späße zu treiben und Witze zu reißen.

«Hast du sonst keine Fähigkeiten aufzuweisen», fragte der Derwisch. «Irgendeine hohe Gabe, die das Wohl der Menschen zu fördern vermag?»

«Ich möchte wissen, über welch hohe Gaben du verfügst», versetzte unser Hodscha. «Hast du eine Tugend, die den Menschen zum Nutzen gereicht?»

«Meine Tugenden und meine Gaben sind ohne Zahl», entgegnete der Derwisch. «Ich durchdringe jede Nacht das Weltall und gelange dabei an das äußerste Ende der ersten Sphäre. Von einer Sphäre zur andern fliegend, schaue ich die Wunder der Schöpfung!»

«Wenn du hoch in den Himmeln zu schweben pflegst, wird da dein Gesicht nicht zuweilen von etwas Weichem gestreift, das an einen Wedel erinnert?» fragte unser Hodscha.

«Gewiß doch, Hodscha Efendi!» erwiderte der Derwisch freudig, da er nun glaubte, mit seinem albernen Gerede Eindruck machen zu können.

«So wisse, daß das mein Ohrläppchen ist!» versicherte unser Hodscha.

UNSER HODSCHA WAR GERADE DABEI, SEINE LEIBwäsche zu waschen, als einige Bauern hereinstürzten und ihm den Tod eines ihrer Mitbürger meldeten.

«Wir wollen zuerst seinen Leichnam waschen», sagten die Bauern. «Komme nach einer Weile auf den Friedhof und vollziehe die Bestattungszeremonie!»

«Ich habe jetzt keine Zeit», antwortete unser Hodscha mürrisch. «Ihr seht doch, daß ich große Wäsche habe. Da ihr aber mit dem Toten schon hier seid und ich gerade einen Kessel Wasser auf dem Feuer habe, könnt ihr mir den Leichnam herbringen. Ich will ihn gern hier auf dem Waschbrett waschen. Dann geht mit ihm auf den Friedhof und bringt ihn unter die Erde!»

«Das ist ein guter Gedanke», sagten die Bauern und taten, was sie unser Hodscha hieß. Nachdem die Bauern den Leichnam hereingebracht hatten, legte ihn unser Hodscha auf das Waschbrett und sagte zu den Anwesenden:

«Dieser Raum hier gehört zu den Frauengemächern. Entfernt euch und wartet draußen! Ich gebe euch Bescheid, wenn ich fertig bin!»

Als die Bauern hinausgegangen waren, schloß der Hodscha die Tür hinter sich zu. Er betrachtete den ausgestreckten Leichnam noch einmal und dachte im stillen, daß es eigentlich um das heiße Wasser schade wäre. Wenn ich es für diesen Toten verwende, bleibt meine Wäsche liegen.

Auf der Rückseite von Nasreddin Hodschas Haus floß

ein breiter, reißender Gebirgsbach. Sein Anblick brachte unseren Hodscha auf die Idee, den Leichnam vom Waschbrett herunterzunehmen und ihn in den Fluten des Bachs ein paarmal untertauchen zu lassen.

Ich packe den Mann an den Füßen, sagte er sich, und halte ihn fest, wenn er sein Bad nimmt. Dann haben die Bauern ihren gewaschenen Leichnam. Ich habe mein heißes Wasser gespart und bin der Mühe enthoben, mit ihnen auf den Friedhof zu gehen.

Sogleich machte sich der Hodscha an die Ausführung seines Vorhabens. Allein die Strömung war so stark, daß sie den Leichnam aus den Händen unseres Hodscha riß und schnell davontrug. «Jetzt ist guter Rat teuer», murmelte der Hodscha in seinen weißen Bart, «jetzt muß ich sehen, wie ich mich aus der Patsche ziehe.»

Er trat vor die Tür seines Hauses und sagte zu der dort versammelten Trauergemeinde:

«Sagt mal, was für ein Mensch ist der Verstorbene überhaupt gewesen?»

«Ein Liederjan, ein Intrigant und ein Langfinger dazu!» entgegneten die Bauern wie aus einem Mund.

«Pst, sagt das nicht so laut! Ich will das nicht mehr hören!» versetzte unser Hodscha und tat ganz geheimnisvoll. «Allah ist der Allwissende», fuhr er fort. «Ich schätze, daß der Verstorbene bei Allah Gnade und Verzeihung gefunden hat. Als ich nämlich vorhin anfing, ihn auf dem Brett zu waschen, riß der Verstorbene plötzlich die Augen auf und erhob sich. Ich war völlig verblüfft. Da bemerkte ich, daß vom Himmel silberne Ketten herabgelassen wurden und die Engel ihn zu sich hinaufzogen. Dadurch wurde mir klar, daß der Verstorbene ein ganz anderer, höchst eigenartiger Mensch gewesen sein muß. Ich rate euch, dem Toten nichts Schlechtes mehr nachzureden. Hütet euch vor solcher Sünde.»

Die Bauern, die an das Wort des Hodscha wie an eine Offenbarung glaubten, sagten: «Allah hat Macht über alle Dinge!» Und so ging die Trauergemeinde auseinander.

Inzwischen war der Leichnam von der Strömung fortgetrieben worden, aber der böse Zufall wollte es, daß der Leichnam an Schlingpflanzen hängenblieb und nach wenigen Tagen in aufgedunsenem Zustand von den Bauern entdeckt wurde. Sie waren über alle Maßen entrüstet und verfehlten nicht, den Hodscha aufzusuchen und ihm seinen lügnerischen Bericht vorzuhalten.

«Und doch ist es wahr und gewiß, daß die Engel ihn an silbernen Ketten in den Himmel hinaufgezogen haben», beteuerte unser Hodscha, der sich keineswegs aus der Fassung bringen ließ. «Ihr habt mir doch selbst gesagt, daß er auf dieser Erde ein Liederjan, ein Intrigant und ein Langfinger gewesen sei. Wer weiß, was er da droben im Himmel verbrochen hat. Möglicherweise hat er dort sogar gestohlen und Allah hat ihn zur Strafe wieder auf die Erde verbannt. Ich rate euch, bringt ihn jetzt schnell, ganz schnell unter die Erde. Ich fürchte, er steht sonst wieder auf und macht uns neue Scherereien!»

Als der Hodscha eines Tages damit beschäftigt war, das Dach seines Hauses auszubessern, hörte er, wie jemand an seine Haustür klopfte. Er beugte sich über den Dachfirst und fragte den Fremden nach seinem Begehr.

«Komm mal runter! Du sollst es wissen!» ließ sich dieser vernehmen.

Der Hodscha unterbrach seine Arbeit und stieg hinunter.

«Gib mir um Allahs willen ein Almosen!» sagte der Mann nun.

«Schön, komm mal nach oben!» sagte der Hodscha und nahm den Mann mit aufs Dach. Oben angelangt, wimmelte ihn der Hodscha mit den Worten ab: «Allah möge dir ein Almosen geben!»

«Du bist aber ungerecht!» rief der Mann. «War es dazu notwendig, mich aufs Dach steigen zu lassen?»

«O du Tor», sagte der Hodscha gelassen, «und du? Mußtest du mich deswegen herunterbemühen?»

Mitten in der Nacht begab sich der Hodscha zum Brunnen, um Wasser zu schöpfen. Als er in der Tiefe des Brunnens das Spiegelbild des Mondes erblickte, wähnte er, der Mond sei in den Brunnen gefallen, und bemühte sich, ihn herauszuziehen. Ein um das andere Mal ließ er den Zieheimer eintauchen. Es wollte nicht gelingen und er verdoppelte seine Anstrengungen. Plötzlich riß das Seil des Zieheimers und der Hodscha fiel rücklings zu Boden. Den Blick zum Himmel gerichtet, rief er: «Da ist er ja! Allah sei Lob und Preis. Ich habe ihn doch an seinen Platz gekriegt.»

Der Hodscha hatte 4 Pfund Fleisch mitgebracht und gab seiner Frau auf, einen schönen Braten zuzubereiten. Doch die Frau gelüstete es so sehr danach, daß sie noch vor der Essenszeit das ganze Fleisch allein aufaß. Dem heimkehrenden Hodscha erzählte sie, die Katze habe das Fleisch gefressen.

Wortlos stellte der Hodscha die Katze auf eine Waage, sie wog genau 4 Pfund.

«Wenn das die Katze ist, wo bleibt das Fleisch? Und wenn es das Fleisch ist, wo bleibt dann die Katze?» sagte er zu seiner Frau.

Ein Bauer kam zum Hodscha und brachte ihm als Geschenk einen Hasen. Der Hodscha nahm den Mann freundlich auf und bot ihm eine Suppe an.

Eine Woche darauf stellte sich der Mann wieder im Haus des Hodscha ein und wünschte abermals zu Tisch gebeten zu werden.

«Wer bist du denn?» fragte der Hodscha den Mann, an den er sich nicht mehr erinnern konnte.

«Ich bin der Mann, der dir vorige Woche einen Hasen zum Geschenk machte», erwiderte er, worauf ihn der Hodscha einlud, mit ihm zu speisen.

Tags darauf kamen einige Männer und begehrten ebenfalls, Tischgenossen des Hodscha zu werden. Als der Hodscha sie fragte, wer sie seien, antworteten sie: «Wir sind die Nachbarn des Mannes, der dir vorige Woche einen Hasen brachte.» Der Hodscha bat sie zu Tisch.

Wieder einige Tage später kam eine ganze Schar Männer, die auf die Frage des Hodscha nach dem Woher und Wohin entgegneten: «Wir sind die Nachbarn der Nachbarn des Mannes, der dir vorige Woche einen Hasen zum Geschenk machte.»

«Seid willkommen!» sagte der Hodscha und setzte ihnen eines Schüssel klares Wasser vor.

«Was ist denn das?» riefen sie verwundert.

«Das ist die Tunke der Tunke des Hasenbratens», erwiderte der Hodscha gelassen.

Als sich Timurlenk in Akşehir aufhielt, bat er einige osmanische Heerführer und die Honoratioren der Stadt zu sich, um mit ihnen über verschiedene Themen ein freundschaftliches Gespräch zu führen. Einer der osmanischen Kriegshelden fing an, die Siege des osmanischen Heeres zu verherrlichen.

«In der Nacht von Nikopolis, in der wir die Kreuzritter aufs Haupt schlugen, hatten wir Kanonen von ungeahnten Ausmaßen. Ihr hättet sehen sollen, wie die Armee der Kreuzritter das Hasenpanier ergriff! Bei Kossowo machten wir den Serben den Garaus. Und im Handumdrehen hatten wir Bulgarien in der Tasche.»

In der Schilderung solch kühner Taten erblickte einer der Generale Timurlenks eine Herausforderung.

«Hattet ihr etwa auch Kriegselefanten wie wir?» rief der General Timurlenks.

«Denkt an die zahllosen Elefanten, die wir in der Schlacht von Ankara einsetzten, wo wir eure Armee bekanntlich aufs Haupt schlugen. Brüstet euch doch nicht mit euren Kanonen! Wir hatten bei Ankara viel größere Geschütze! Als sie donnerten, wurde eure Armee von Panik erfaßt und den sonst so tapferen Osmanen fiel das Herz in die Hosen.»

Während der General Timurlenks sich solchermaßen in Lobreden erging, entfuhr einem Jungen, der sich zufällig unter den Anwesenden befand, ein lauter Furz.

«Was war das gerade?» fragte der General, der stutzig geworden war und innehielt.

«Ich bitte um Nachsicht für den Jungen», ließ sich unser Hodscha vernehmen, der nicht gewillt war, dem bombastischen Gerede des Generals weiter zu lauschen. «Ihr Kanonendonner hat das arme, nichtsahnende Kind über alle Maßen erschreckt. Sie verstehen, Herr General!»

Unser Hodscha richtete eines Tages an einen Höfling Timurlenks die Frage, zu welcher Glaubensrichtung des Islams er sich bekenne, worauf dieser, die Hand aufs Herz legend, beteuerte: «Mein Glaube heißt Timurlenk!»

«Frag ihn doch noch, wer sein Prophet ist, bester Hodscha», bemerkte einer der Anwesenden.

«Die Antwort ergibt sich von selbst», antwortete unser Hodscha. «Wenn er sich schon zum Glauben des lahmen Timur bekennt, der Schädelberge errichtet, kann nur der blutrünstige Dschingis Khan sein Prophet sein!»

Timurlenk gelüstete es nach dem Vermögen des Polizeipräfekten von Akşehir. Er nahm die riesigen Steuerunterschlagungen des Präfekten zum Vorwand, um dessen Besitz zu beschlagnahmen. Zuvor ließ er ihn aber zu sich kommen und forderte ihn auf, die Einnahmebücher vorzulegen. Timurlenk zerriß die Bücher und zwang den Präfekten, die Fetzen zu schlucken, was wahrlich kein Vergnügen war, bedenkt man, daß die Bücher aus grobem Leinenpapier bestanden. Alsdann schritt er zur Beschlagnahmung und machte den Präfekten bettelarm, ja er ließ ihm nicht mal eine Hose.

Es war nun unser Hodscha, den er zu sich bestellte, um ihn mit der Überwachung der Steuer- und Tributeinnehmer zu betrauen. Der Hodscha erhob Einwände und schützte Unkenntnis des Steuerwesens vor, allein der Tyrann bestand auf seinem Befehl. Am Monatsanfang verlangte er eine Aufstellung der Einnahmen.

Als er sah, daß unser Hodscha die Zahlen auf geröstete Brotfladen geschrieben hatte, fragte er ihn, heimtückisch lächelnd, was das zu bedeuten habe.

«Zu guter Letzt kommt der Befehl zum Schlucken, nicht wahr? Nun habe ich aber keinen so guten Magen wie mein Vorgänger und bin nicht in der Lage, mich vollzufressen wie dieser. Bedenkt, daß ich ein gebrechlicher alter Mann bin. Ich kann bestenfalls diese Brotfladen hier verdauen!» entgegnete der Hodscha.

Unser Hodscha sass eines Tages im Badehaus Timurlenk gegenüber. Beide waren nur mit einem Lendenschurz bekleidet.

«Welchen Preis würde man für mich zahlen, wenn ich ein Sklave wäre?» fragte der Tyrann unseren Hodscha.

«50 Silbergroschen.»

«Dummkopf! Allein mein Lendenschurz ist 50 Silbergroschen wert», rief der Tyrann.

«Natürlich!» erwiderte unser Hodscha gelassen. «Ich habe ja auch nur die Schürze bewertet.»

Es verbreitete sich die Kunde, dass Timur der Lahme jeden, der ihn im Traum belästigt, töten lasse. Als unser Hodscha das erfuhr, packte er seine Siebensachen und verließ Hals über Kopf den Hof des Tyrannen, um in sein Heimatdorf zurückzukehren.

Einige Freunde versuchten ihn zum Bleiben zu bewegen.

«Sei doch nicht so voreilig, Hodscha!» sagten sie. «Du bist der einzige Mensch, für den der Tyrann Wohlwollen hegt und dem er alles nachsieht. Was du tust und sagst, erregt nie seinen Zorn. Bedenke doch, wie sehr du den Menschen dieses Landes nützen kannst, wenn du hier ausharrst.»

«Am Tag, solange er wach ist, ist es mir möglich, ihn zu beeinflussen und ihm Mäßigung anzuraten oder wenigstens meine warnende Stimme zu Gehör zu bringen. Aber es steht nicht in meiner Macht, seinen Träumen fernzubleiben und in ihnen so zu handeln, wie er gern möchte», entgegnete der Hodscha.

Eines Tages stellte Timur der Lahme an unseren Hodscha die Frage, wann der Zeitpunkt eintreten werde, an dem keine Menschen mehr geboren werden.

«Sobald Himmel und Hölle überfüllt sind», lautete die Antwort des Hodscha.

Bei einer abendlichen Unterhaltung kam die Rede auf das Jenseits und das Jüngste Gericht. Die Anwesenden wurden von Reue und Zerknirschung gepackt. Timur der Lahme, der unseren Hodscha an seine Seite befohlen hatte, tat einen tiefen Seufzer.

«Was harrt wohl meiner am Tag des Gerichts?» fragte der Tyrann unseren Hodscha. «Werde ich die lichten Höhen des Paradieses erblicken oder im Pfuhl der Hölle versinken?»

«Aber Majestät! Ich bin aufrichtig betrübt, daß Euer kaiserliches Herz von dergleichen Fragen geängstigt wird. Was Euer Dasein in der künftigen Welt betrifft, so dürfte, glaube ich, kein Raum für irgendwelche Zweifel sein. Es besteht völlige Klarheit darüber, daß Welteroberer aus dem Geschlecht Dschingis Khans und vom Schlag eines Hülägü unmittelbar nach ihrem Tod der Ehre teilhaftig werden, neben Pharaonen, Alexander dem Großen und den übrigen Peinigern der Welt, die allesamt im Höllenfeuer schmoren, Platz nehmen zu dürfen.»

WÄHREND SICH TIMUR DER LAHME MIT UNSEREM Hodscha unterhielt, fiel ihm ein, daß er sich die Haare schneiden lassen müsse.

Sogleich ließ er den Barbier rufen.

Nachdem er seines Amtes gewaltet hatte, reichte er dem Tyrannen einen Spiegel, der von seinem häßlichen Aussehen derart erschüttert wurde, daß er zu weinen begann.

Seinem Beispiel folgten die Hofschranzen und auch unser Hodscha, der zu den Tischgenossen Timurs zählte und keine Gelegenheit versäumte, ihn milde zu stimmen und von Grausamkeiten abzuhalten.

Zwei Stunden weinte der Tyrann mit seinem Gefolge, das Mühe hatte, ihn durch den Vortrag hübscher Anekdoten wieder aufzuheitern.

Aber unser Hodscha hörte nicht auf zu weinen, sondern tat es mit doppelter Vehemenz. Darüber verwundert, sagte Timur zu ihm:

«Ich war von meinem eigenen Anblick entsetzt. Obwohl ich so viele Länder beherrsche und die Welt vom Hufschlag meines Pferdes erbebt, kann ich mich nicht über die Tatsache hinwegtrösten, daß ich überaus häßlich bin. Es betrübte mich so tief, daß zwei Stunden lang Tränen aus meinen Augen stürzten. Warum aber will dein Weinen kein Ende nehmen?»

«Du hast dich nur flüchtig im Spiegel betrachtet, allein dieser kurze Augenblick genügte, zwei volle Stunden deine

Tränen fließen zu lassen. Ich sehe dich aber den ganzen Tag. Ist es da nicht ganz natürlich, daß es mir schwerer fällt, den Strom meiner Tränen zu hemmen?» versetzte unser Hodscha.

In der Armee des grossen Timurlenk befanden sich Elefanten, und man erzählt, daß in der Schlacht von Ankara eine große Zahl von Elefanten eingesetzt war. Einer dieser Elefanten wurde in das Dorf Nasreddin Hodschas geschickt, um dort verpflegt zu werden.

Der Elefant zertrampelte sämtliche Felder und ruinierte das ganze Dorf, da sein Hunger nicht zu stillen war. So geschah es, daß sich die Bauern auflehnten und beschlossen, beim großen Timurlenk gegen den weiteren Aufenthalt des Elefanten in ihrer Gemarkung Protest einzulegen. Sie stellten Nasreddin Hodscha an die Spitze ihrer Abordnung, doch ließen sie in dem Augenblick, da sie vorgelassen werden sollten, ihren Wortführer im Stich. Einer nach dem anderen hatte sich unbemerkt aus dem Staub gemacht, und so stand der gute Hodscha allein vor dem Tyrannen.

Das Herz ist ihnen in die Hosen gefallen, sprach der Hodscha zu sich. Aber ich werde es diesen Jammerlappen heimzahlen!

Und so nahte er dem gewaltigen Tamerlan, vor dem die Welt zitterte. Nach dem Grund seines Kommens befragt, antwortete er:

«Eure ergebenen Untertanen, die Bauern aus meinem Dorf, haben mich beauftragt, Euch Dank zu sagen, daß Ihr sie für würdig befunden habt, einen Eurer Elefanten zu pflegen und zu betreuen. Die Huld wird unauslöschlich in ihrer Erinnerung bleiben. Allein, der Elefant fühlte sich bei uns einsam. Er hat offenbar Sehnsucht nach einem Weibchen, einer Gefährtin, die sein Dasein zu versüßen vermag. Seine sehnsüchtige Klage zerreißt uns allen das Herz. Zwar sind die Bauern mit mir hierhergekommen, doch hatten sie nicht den Mut, vor Euch zu erscheinen und ihre Bitte geziemend vorzutragen. So geruht denn, ihrem Ersuchen stattzugeben und sowohl den Elefanten als auch Eure Untertanen durch die Entsendung eines Elefantenweibchens zu beglücken.»

Der Padischah war von der Rede des Hodscha entzückt und überschüttete ihn mit Gunstbezeigungen, Wohltaten, Geschenken und Ehrenkleidern. Den Bauern, die gekniffen hatten, ließ er einen ganzen Sack Grüße entbieten und erteilte den Befehl, das Elefantenweibchen unverzüglich in Marsch zu setzen. So kehrte der Hodscha nach bestandener Gefahr, freudig bewegt und über die erhaltenen Geschenke frohlockend, in sein Dorf zurück, wo ihn die Bauern sogleich umringten.

«Was hast du erreicht, lieber Hodscha? Sprich doch!»

Mit dem stolzen Gefühl, das dem eigen ist, der eine schwierige Aufgabe gemeistert hat, sagte er:

«Ich habe euch eine frohe Botschaft zu verkünden, Freunde! Auch das Elefantenweibchen wird unser Gast sein!»

Eines Tages beschloss der Hodscha, Timur dem Lahmen eine gebratene Gans als Geschenk zu überbringen. Auf dem Weg zum Hof des Herrschers bekam er aber großen Hunger, trennte eine Keule von der Gans ab und verzehrte sie.

Timur der Lahme ärgerte sich, als ihm der Hodscha die solchermaßen verstümmelte Gans darbot, da er glaubte, der Hodscha wolle sich damit über sein körperliches Gebrechen lustig machen.

«Wo hat die Gans ihr anderes Bein gelassen?» fragte er den Hodscha, worauf dieser antwortete:

«In unserem Land besitzen die Gänse nur ein Bein. Überzeuge dich und schau die Gänse an, die dort am Brunnen stehen!»

In der Tat, gerade in diesem Augenblick befand sich am Brunnen eine Schar Gänse, die sich auf einem Bein hielten und das andere eingezogen hatten. Timur erteilte sofort den Befehl, die Tamboure sollten ihre Stöcke schwingen. Der folgende Trommelwirbel erschreckte die Gänse so sehr, daß sie ihr eingezogenes Bein herunterließen und zu watscheln begannen.

«Siehst du, daß sie jetzt allesamt zweibeinig geworden sind?» rief Timur dem Hodscha zu, worauf dieser entgegnete:

«Wenn du diese Stöcke zu schmecken bekämst, würdest du sogar vierbeinig werden!»

EINES TAGES KAM NASREDDIN HODSCHA AUF DEN Gedanken, drei Pflaumen auf ein riesiges Tablett zu legen und sie Timur dem Lahmen als Geschenk zu erbringen. Unterwegs rollten die Pflaumen auf dem Tablett hin und her, worüber der Hodscha wütend wurde und rief: «Hört endlich auf zu tanzen, ich esse euch sonst auf!» Allein, die Pflaumen gehorchten nicht und der Hodscha zögerte nicht, zwei von den drei Pflaumen zu verzehren.

So erschien er mit einer Pflaume auf dem Tablett vor dem Herrscher, der sich über das Geschenk höchst erfreut zeigte und befahl, dem Hodscha einen Beutel mit Goldstücken auszuhändigen.

In der Hoffnung, abermals fürstlich belohnt zu werden, machte sich der Hodscha einige Tage später mit einem Bündel roter Rüben auf den Weg zum Hof Timurs. Da begegnete ihm ein Mann, der ihn fragte, was er mit den roten Rüben vorhabe.

«Sie sind ein Geschenk für Timur!» entgegnete der Hodscha.

«Ich glaube, ein Bund Feigen würden ihn mehr erfreuen», meinte der Mann.

Der Hodscha warf die roten Rüben weg und besorgte sich ein Bund Feigen.

Doch diesmal empfand Timur das Geschenk als Beleidigung und befahl seinen Dienern, die Feigen dem Hodscha an den Kopf zu werfen.

«Allah sei Lob und Dank!» rief der Hodscha, während die Feigen auf ihn niederprasselten.

Als man ihn fragte, warum er Allah preise und danke, entgegnete der Hodscha:

«Wie wäre es mir ergangen, wenn ich die roten Rüben mitgebracht hätte?»

Eines Tages lud Timurlenk den Hodscha ein, ihn auf die Jagd zu begleiten. Allein, das Pferd, das er dem Hodscha gab, war ein störrisches Tier. Als es während der Jagd zu regnen anfing, ritten alle Jagdteilnehmer schnell zu einem geschützten Ort und nur der Hodscha blieb zurück. Dieser zog sich nackt aus, legte seine Kleider unter den Sattel und harrte so lange aus, bis der Regen aufhörte. Hierauf holte er seine Sachen unter dem Sattel hervor, kleidete sich wieder an und gesellte sich zu den übrigen Jagdgefährten.

«Ich wundere mich, daß du im strömenden Regen nicht naß geworden bist», sagte der Herrscher.

«Wie sollte ich naß werden?» entgegnete der Hodscha. «Ich hatte doch einen feurigen Renner unter mir, der mich im Flug ins Trockene brachte.»

Timurlenk ließ das Pferd, das der Hodscha geritten hatte, absondern und in seinem besten Stall pflegen.

Als er wieder auf die Jagd ging, befahl er, ihm das Pferd zu bringen und ließ dem Hodscha ein anderes geben. Es war Allahs Wille, daß es an jenem Tag abermals regnete. Alle Jagdteilnehmer entgingen dem Regen, nur der Herrscher kam mit seinem störrischen Pferd nicht vom Fleck und wurde bis auf die Haut durchnäßt. Mit triefendem Pelz holte er schließlich seine wartenden Begleiter ein und fuhr den Hodscha zornig an:

«War es richtig von dir, mir etwas vorzuschwindeln und mich dem strömenden Regen zu überlassen?»

«Ich kann doch nicht dafür, daß es dir nicht einfiel, dich auszuziehen und deine Kleider so lange unter dem Sattel zu lassen, bis der Regen aufhört», gab der Hodscha gelassen zurück.

In Nasreddin Hodschas Gegenwart wurde Timurlenk ein Soldat vorgeführt, den man vor dem Herrscher der Trunksucht beschuldigte.

«Verabreicht ihm 300 Stockschläge», befahl Timur.

Dieser Befehl entlockte dem Hodscha ein spöttisches Lächeln, worauf Timur in Zorn geriet und die Zahl der zu verabfolgenden Stockschläge auf fünfhundert erhöhte. Hierauf brach der Hodscha in schallendes Gelächter aus.

«800 Stockschläge», befahl nun Timur, der vor Zorn förmlich bebte.

Um nicht vor Lachen zu bersten, mußte sich der Hodscha die Hüften halten. Timurs Entrüstung war grenzenlos.

«Du wagst es, dich über einen von mir erteilten Befehl lustig zu machen, und denkst nicht im mindesten daran, daß du dich vor einem furchtbaren Eroberer befindest, der die Welt in Schrecken hält? Ich möchte nur wissen, woher du den Mut nimmst, vor mir so zügellos zu spotten.»

«Du hast recht», entgegnete der Hodscha. «Ich verkenne keineswegs die Lage, in der ich mich befinde. Es ist mir völlig bewußt, daß ein Gewaltmensch wie du nicht mit sich spaßen läßt. Nichtsdestoweniger vermag ich mein Erstaunen darüber nicht zu verbergen, daß du mit Zahlen so leichtfertig umgehst. 80 Stockschläge, 100 Stockschläge, 800 Stockschläge! Einem Mann wie du, der, wie sein Name sagt, nicht aus Fleisch und Knochen besteht, sondern aus Eisen ist, kommen solche Befehle ohne Schwierigkeiten über die Lippen. Kann aber jener Mann, der aus Fleisch und Knochen besteht, soviel Schläge ertragen? Ich meine, du solltest dir die Mühe machen, ein wenig darüber nachzudenken, ob derlei Befehle überhaupt durchführbar sind.»

Jemand hatte Timur einen überaus hübschen, stattlichen Esel zum Geschenk gemacht, von dem dieser sehr angetan war. Die Hofschranzen, die ihn zu unterhalten pflegten, ergingen sich in Lobsprüchen über den Esel und standen nicht an, ihn als wunderbares Geschöpf zu preisen. Schließlich kam die Reihe an Nasreddin Hodscha.

«Ich erkenne in diesem herrlichen Tier eine große Begabung», sagte er. «Ich bin überzeugt, daß es bei entsprechender Unterweisung sogar möglich sein wird, ihm das Lesen beizubringen.»

«Wenn es dir gelingt, dem Esel das Lesen beizubringen, werde ich dich mit Wohltaten überschütten. Allein ich verweise dich auf die Stelle in Sa'dis *Rosengarten*, wo es heißt, daß sich ein Sonderling unterfing, einem Esel das Sprechen beizubringen, von einem Weisen aber dahin belehrt wurde, daß das Wahnwitz sei und der Mensch von den Tieren das Schweigen zu lernen habe. Bei einem Mißerfolg läufst du nicht nur Gefahr, von mir als Dummkopf hingestellt, sondern auch gebührend bestraft zu werden», entgegnete der Tyrann.

«Ich weiß wohl, daß man mit Eurer Majestät nicht rechten darf und ich nur die Wahl zwischen Paradies und Hölle habe. Überdies gehöre ich nicht zu den Dummköpfen, die ihr Leben aufs Spiel setzen, und habe auch nicht die Absicht, mich unter die Irrsinnigen zu begeben. Was ich vorhin darlegte, ist keineswegs leichtfertig dahingeredet. Nur muß ich mir einige Monate Frist ausbedingen. Ferner bitte ich um einen Kostenvorschuß in Silbertalern. Alles Weitere überlasse man dann mir.»

Der Tyrann gab dem Ersuchen des Hodscha statt, obwohl er sicher war, daß er bei seinem Vorhaben scheitern und sich zum Gespött machen würde.

Volle drei Monate ließ es sich der Hodscha angelegen sein, dem Esel reichlich Futter zu geben und dessen Unterweisung auf die Morgen- und Abendstunden zu beschränken. Als die Frist von drei Monaten um war, setzte der Hodscha für die öffentliche Vorführung des Esels, der gut gelernt hatte, eine bestimmte Stunde an und erschien, das gestriegelte und aufgeputzte Tier am Halfter führend und die versammelte Menge mit gnädigem Kopfnicken grüßend, auf dem vorgesehenen Platz. Dort hatte er bereits einen Schemel aufgestellt, auf dem das Publikum ein großes Heft erblickte. Der Esel ging sogleich auf diesen Schemel zu und wendete mit seinem Maul die Blätter des Heftes hastig um. An einer bestimmten Stelle hielt er inne, wandte sich mit ergreifender Gebärde nach dem Hodscha um und begann markerschütternde Laute von sich zu geben. Die verblüffte Menge brach in schallendes Gelächter aus. Vor allem der Emir Timur zeigte sich höchst belustigt und überhäufte den guten Hodscha mit Geschenken. Danach fragte er den Hodscha, wie er das zuwege gebracht habe, und erhielt von diesem folgende Schilderung:

«Nachdem ich an dem besagten Tag den Esel in meinen Stall geführt hatte, begab ich mich auf den Markt, um dort hundert Bogen Packpapier zu kaufen. Damit ging ich zum Buchbinder und trug ihm auf, ein riesiges Heft anzufertigen. Alsdann streute ich zwischen die Seiten des Heftes Gerste und ließ dabei keine einzige Seite aus. In den ersten zehn Tagen drehte ich selbst die Seiten um und verfehlte nicht, den Esel auf die eingestreute Gerste aufmerksam zu machen. Dieser wiederum zögerte nicht, die Gerste aufzufressen. In den nächsten zehn Tagen ließ ich den Esel, den ich an reichliches Fressen gewöhnt hatte, absichtlich hungern und legte das Heft vor ihn hin. Ich öffnete es und blätterte die ersten Seiten selber um. Der Esel stürzte sich zunächst auf die Gerste, dann übernahm er selbst in seiner Freßgier das Geschäft des Blätterns. Manchmal stellte er sich so dumm an, daß es ihm nicht glückte, die Blätter umzuwenden, wodurch er sich eben als echter Esel erwies. Um nicht blamiert zu werden, füllte ich die übrige Zeit mit den Dressurübungen aus.

Schließlich brachte ich ihn dahin, das Heft zu öffnen und Blatt für Blatt zu wenden, wenn ihn der Hunger übermannte. Manchmal unterließ ich es absichtlich, Gerste zwischen die Seiten zu streuen. Blätterte der Esel dann das Heft vergeblich durch, fing er an, von Hunger gepeinigt, klagende Laute von sich zu geben. Ich vergnügte mich dabei köstlich, um so mehr als ich im Besitz des Kostenvorschusses war und essen und trinken konnte, während der Esel der Dressur halber hungern mußte

Als ich den Esel vor einer Weile vorführte, hatte er bereits zwei Tage gehungert. Aus diesem Grund blätterte er hastig das ganze Heft durch und stieß, zu mir gewandt, herzzerreißende Laute aus, als er zwischen den Seiten nicht ein einziges Gerstenkorn entdeckte. Das Heft, das ich im Stall zur Dressur verwandte, war nicht beschriftet wie dieses hier, in dem ein Kalligraph Proben seiner Kunst abgelegt hat, doch in seiner äußeren Form unterschied es sich nicht von ihm.»

Als man dem Hodscha vorhielt, der Esel habe doch in Wahrheit nicht im Heft gelesen, sondern lediglich mit der Zunge die Seiten umgedreht, entgegnete dieser: «Weiter kann es ein Esel in der Kunst des Lesens nicht bringen.»

OFT BRACHTE DER HODSCHA EINE LEBER NACH Hause, doch seine Frau steckte sie jedesmal heimlich ihrem Liebsten zu. Wenn es zu Tisch ging, mußte sich der Hodscha mit einer Mehlsuppe begnügen.

«Ich bringe doch fast jeden Tag eine Leber mit», sagte der Hodscha eines Tages zu seiner Frau. «Ich möchte bloß wissen, was mit der Leber geschieht?»

«Jedesmal stibitzt sie die Katze», entgegnete sie.

Hierauf stand der Hodscha vom Tisch auf, holte sein Beil und schloß es in einen Schrank ein.

«Vor wem versteckst du denn das Beil?» fragte seine Frau.

«Vor der Katze!» sagte der Hodscha.

«Was soll die Katze mit dem Beil?» fragte die Frau.

«Da die Katze auf die Leber, die nur 2 Piaster kostet, versessen ist, warum sollte sie nicht auch das Beil fressen, das 40 Piaster kostet?» entgegnete der Hodscha.

Eines Tages vereinbarte der Hodscha mit seiner Frau, daß jede Woche die Freitagnacht der ehelichen Vereinigung vorbehalten bleiben sollte.

«Ich habe aber immer so viel zu tun. Wie mache ich es nur, daß ich mir den Tag merke?» fragte der Hodscha.

«Laß das meine Sorge sein», erwiderte seine Frau. «Ich werde jeden Freitag deinen Turban auf die Lagerstatt legen. Ich denke, das ist ein gutes Merkzeichen.»

Der Hodscha billigte diesen Vorschlag. Doch es geschah, daß seine Frau an einem anderen Tag als dem Freitag den Wunsch hegte, der ehelichen Liebe zu pflegen, und den Turban auf die Lagerstatt legte.

«Aber heute ist doch gar nicht Freitag, liebe Frau», wandte der Hodscha ein, als er seinen Turban erblickte.

«Doch, heute ist Freitag», beharrte sie.

«Wenn der Freitag nicht auf seinem Platz bleibt, rücke ich nicht von der Stelle», sagte der Hodscha.

Eines Tages, als der Hodscha und seine Frau der Ruhe pflegten, sagte sie zu ihm: «Rück ein Stück ab, Alterchen!» Der Hodscha stand sofort von seinem Lager auf, zog seine Schuhe an und verließ das Haus.

Nachdem er zwei Tage lang ununterbrochen gegangen war, begegnete er einem Mann, den er bat, sich zu seiner Frau zu begeben und sie zu fragen, ob der Abstand schon genüge oder ob er noch weiter wegrücken solle.

Eines Tages nahm sich die Frau des Hodscha vor, ihren Mann zu ärgern. Sie ließ die Suppe zu lange über dem Feuer und brachte sie brühheiß auf den Tisch. Doch einen Augenblick dachte sie nicht daran und kostete einen Löffel davon. Dabei verbrannte sie sich den Mund und ihre Augen begannen zu tränen.

«Was fehlt dir, liebe Frau?» fragte der Hodscha. «Oder ist etwa die Suppe zu heiß?»

«O nein, ich mußte eben an meine Mutter denken, lieber Mann», entgegnete sie. «Diese Suppe war ihr Lieblingsgericht. Meine arme Mutter!»

Nun nahm auch der Hodscha guten Glaubens einen Löffel von der Suppe. Er verbrannte sich ebenfalls den Mund und Tränen stiegen ihm in die Augen.

«Was ist dir, lieber Mann? Warum weinst du denn?» fragte seine Frau.

«Ich mußte eben daran denken, daß deine Mutter das Unglück hatte, eine Tochter wie dich zu hinterlassen!» entgegnete der Hodscha und wischte sich die Tränen ab.

Einst wurde der Hodscha um Mitternacht durch einen großen Lärm aus dem Schlaf gerissen. Er hörte, wie sich einige Burschen vor seinem Haus balgten.

«Steh auf und mach Licht, liebe Frau!» sagte er. «Ich will sehen, was draußen los ist.»

«Kümmere dich nicht darum und bleib liegen!» entgegnete sie.

Der Hodscha ließ sich aber nicht von seinem Vorhaben abbringen, hängte sich die Schlafdecke über und trat auf die Straße hinaus. Da zog ihm einer der Burschen schnell die Decke vom Rücken und suchte das Weite. Der Hodscha begann zu frieren und kehrte zitternd in das eheliche Schlafgemach zurück.

«Um was balgten sich die Kerle?» fragte seine Frau.

«Um meine Decke! Man nahm sie mir weg und nun herrscht Ruhe», sagte der Hodscha.

Eines Tages bot der Hodscha auf dem Markt seine Kuh feil, allein es wollte sich kein Käufer einstellen. Da trat ein Mann zu ihm und sagte:

«Ich beobachte dich schon eine ganze Weile. Du führst hier deine Kuh spazieren und kannst sie nicht loswerden, wie?»

«Seit dem frühen Morgen preise ich ihre Vorzüge, aber niemand will zugreifen», entgegnete der Hodscha.

«Schön, laß es mich mal machen», sagte der Mann und nahm ihm die Leine aus der Hand. Er trieb die Kuh zur Mitte des Platzes und rief:

«Eine zarte Jungfrau und doch im sechsten Monat trächtig!» Sogleich tauchten Interessenten auf und der Hodscha konnte für seine Kuh einen guten Preis erzielen, worüber er sich nicht wenig wunderte.

Als er frohgemut nach Hause kam, erfuhr er von seiner Frau, daß Brautschauerinnen bei seiner Tochter weilten.

«Bleib hier! Ich will zu ihnen hineingehen und die Vorzüge unserer Tochter preisen. Vielleicht findet man Gefallen an ihr und wir sind ihrer endlich ledig», sagte des Hodscha Frau.

«Nein! Laß mich das machen! Ich habe soeben gelernt, wie man schnell einen Interessenten findet», entgegnete der Hodscha und begab sich, ohne auf die Gegenrede seiner Frau zu achten, zu den Brautschauerinnen.

«Mach, daß du rauskommst!» riefen die Brautschauerinnen, als sie den Hodscha erblickten. «Ein Mann hat hier nichts zu suchen. Die Brautmutter möge uns mit ihrer Gegenwart beehren!»

«Was weiß schon ihre Mutter! Sie hat dem Mädchen zwar Kochen und Nähen beigebracht, aber ihren wahren Wert kenne nur ich», parierte der Hodscha.

«Laß hören!» sagten die Frauen.

«Ihre Tugenden sind ohne Zahl, vor allem ist sie eine zarte Jungfrau und doch im sechsten Monat trächtig. Ich bin bereit, sie zurückzunehmen, wenn das nicht zutreffen sollte», sagte der Hodscha.

Die Brautschauerinnen sahen sich bestürzt an und verließen fluchtartig des Hodscha Haus.

«Wie dumm! Jetzt hast du die Brautschauerinnen vertrieben», entrüstete sich die Frau des Hodscha.

«Hab keine Bange!» entgegnete der Hodscha. «Sie kommen wieder. Mit der Kuh erging es mir vorhin ebenso. Zuerst wollte keiner sie haben und dann riß man sich um sie.»

Eines Tages borgte sich Nasreddin Hodscha von seinem Nachbarn einen Kochtopf. Nachdem er ihn gebraucht hatte, stellte er eine kleine Schüssel in den Topf und gab ihn so seinem Besitzer zurück. Als dieser in dem Kochtopf die kleine Schüssel erblickte, fragte er den Hodscha, was das bedeuten solle. Der Hodscha antwortete: «Der Topf hat Junge bekommen.»

Der Mann hatte nichts dagegen einzuwenden und nahm beides, Topf und Schüssel, in Empfang.

Einige Zeit danach geschah es, daß sich der Hodscha wieder den Kochtopf borgte. Eine Woche verstrich, ohne daß der Hodscha den Topf seinem Besitzer zurückbrachte, worauf dieser an seine Tür klopfte und sein Eigentum forderte. Der Hodscha öffnete und fragte den Mann erstaunt nach seinem Begehr.

«Ich möchte meinen Topf wiederhaben!» sagte der Mann barsch.

«Möge Allah dir Gesundheit schenken! Der Topf ist gestorben», entgegnete der Hodscha.

«Ein Topf kann doch nicht sterben!» gab der Mann zurück.

«Du hast doch geglaubt, daß er Junge bekommen hat. Warum willst du jetzt nicht glauben, daß er gestorben ist?» fragte der Hodscha.

EINES TAGES WURDE DAS HAUS NASREDDIN HOdschas von einem Dieb heimgesucht. Alle Dinge, deren er habhaft werden konnte, lud er sich auf den Rücken und machte sich aus dem Staub.

Der Hodscha packte den Rest seines Hausrats zusammen und folgte dem Dieb auf den Fersen. Als dieser in sein Haus hineingegangen war, klopfte der Hodscha an die Tür und begehrte Einlaß.

«Was hast du hier zu suchen, Hodscha?» herrschte ihn der Dieb an.

«Ich denke, wir sind in dieses Haus umgezogen, und hier sind die übrigen Sachen», entgegnete der Hodscha.

EINES TAGES HATTE DER HODSCHA SEINEN ESEL verloren. Er brach auf, den Esel zu suchen, und sprach dabei Dankgebete.

Als man ihn fragte, wofür er Allah danke, da ihm doch der Esel abhanden gekommen sei, antwortete er:

«Ich danke Allah dafür, daß er mich davor bewahrt hat, auf dem Esel zu sitzen, als er verlorenging. Hätte ich den Esel geritten, wäre ich mit abhanden gekommen.»

Eines Tages kaufte sich der Hodscha eine Leber. Auf dem Nachhauseweg begegnete er einem seiner Bekannten.

«Wie wirst du die Leber zubereiten?» fragte ihn dieser.

«Wie ich es gewohnt bin», entgegnete der Hodscha.

«Ich habe ein besonderes Rezept, das ich dir gern verraten will. Hör gut zu!» fuhr der Bekannte fort.

«Das behalte ich doch nicht», sagte der Hodscha. «Schreib es mir lieber auf! Ich schaue dann auf deinen Zettel und gebe meiner Frau die nötigen Anweisungen, sobald sie sich anschickt, die Leber zuzubereiten.»

Der Mann tat dem Hodscha den Gefallen und schrieb das Rezept auf. Und der Hodscha setzte seinen Weg fort.

Während er genüßlich das Rezept studierte, stieß ein Adler herab und raubte dem zerstreuten Hodscha die Leber. Er zeigte keinerlei Bestürzung, sondern schwenkte dem Adler, der sich mit der Leber in die Lüfte erhob, das Rezept nach und rief: «Sie wird dir doch nicht munden, mein Freund, das Rezept hab ich!»

Als der Hodscha eines Tages vor dem Gebet die religiöse Waschung vornahm, reichte das Wasser nicht. Bei den einleitenden Gebetsworten stand er auf einem Bein, während er das andere einzog, wie es die Gänse zu tun pflegen.

Die Gläubigen wunderten sich darüber und fragten ihn, was diese komische Pose zu bedeuten habe.

«Wie soll ich auf zwei Beinen stehen, wenn eins von der Waschung ausgeschlossen blieb?» sagte der Hodscha.

Als Nasreddin Hodscha in der Stadt Sivrihisar das Amt des Imam versah, geriet er eines Tages mit dem Bürgermeister in einen heftigen Streit. Kurze Zeit danach starb der Bürgermeister. Nasreddin Hodscha wurde gebeten, für das Leichenbegängnis zu sorgen.

«Ihr müßt euch nach einem anderen Imam umsehen», sagte der Hodscha. «Der Mann lag mit mir im Streit. Ich glaube nicht, daß er sich von mir unter die Erde bringen läßt.»

NASREDDIN HODSCHA BESTIEG EINES TAGES IN DER Moschee die Kanzel, um dort seines Predigeramts zu walten.

«O ihr Gläubigen! Wißt ihr eigentlich, wovon ich jetzt zu euch sprechen werde?» begann er seine Predigt.

«Nein, Hodscha, wir wissen es nicht», antwortete die versammelte Gemeinde.

«Wenn ihr's nicht wißt, erübrigt es sich, daß ich es euch predige», sagte der Hodscha und stieg von der Kanzel.

Kurze Zeit danach trat er wieder auf die Kanzel und fragte:

«O ihr Gläubigen. Wißt ihr eigentlich, wovon ich jetzt zu euch sprechen werde?»

«Ja, wir wissen es, Hodscha», antwortete die versammelte Gemeinde.

«Dann erübrigt es sich, daß ich darüber eine Predigt halte», sagte der Hodscha und stieg abermals von der Kanzel.

Der Gemeinde kam das Benehmen des Hodscha höchst merkwürdig vor, und sie beriet, wie der gute Hodscha am besten zu fangen wäre. Man beschloß so zu tun, als wisse es ein Teil der Gemeinde und ein anderer nicht, sollte der Hodscha erneut die Frage an sie richten.

Eines Tages stand der Hodscha wieder auf der Kanzel und fragte: «O ihr Gläubigen! Wißt ihr, wovon ich jetzt zu euch sprechen werde?»

«Einige von uns wissen es und einige nicht», gab die Gemeinde zurück.

«Schön, so erübrigt sich ja meine Predigt. Diejenigen von euch, die es wissen, mögen es denen beibringen, die es nicht wissen», sagte der Hodscha und verließ die Kanzel.

Als unser Hodscha Kadi war, suchte ihn eines Tages ein Bekannter auf, um sich zu erkundigen, ob er mit seiner Klage durchkommen werde. Er legte seine Gründe dar und sagte abschließend:

«Findest du nicht, daß ich recht habe?»

«Natürlich hast du recht, Bruder!» entgegnete der Hodscha.

Am nächsten Tag fand sich sein Gegner im Haus des Hodscha ein, ohne zu wissen, was vorausgegangen war. Auch er war um den Ausgang des Prozesses besorgt. Nachdem er den Fall von seinem Standpunkt ausführlich geschildert hatte, fragte er unseren Hodscha:

«Nun, was meinst du? Bin ich nicht im Recht?»

«Natürlich bist du im Recht!» lautete auch diesmal die Antwort.

Nun fügte es sich, daß die Frau des Hodscha beide Parteien belauscht hatte. Sie glaubte, sich als Mentor aufspielen zu müssen, und sagte:

«Gestern war unser Nachbar Korkut Efendi hier und machte dich mit dem Gegenstand seiner Klage vertraut, worauf du sagtest, er sei im Recht. Heute kam sein Gegner, der dir ebenfalls seinen Standpunkt darlegte, und ihm hast du auch recht gegeben. Ich finde das unerhört! Zwar bist du der Kadi, aber als deine langjährige Ehefrau sei es mir gestattet, zu fragen: ‹Kann in einem Prozeß sowohl der Kläger als auch der Beklagte im Recht sein?›»

«Das heiße ich den Nagel auf den Kopf treffen, liebe Frau! Auch dir muß ich recht geben», sagte unser Hodscha gelassen.

NASREDDIN HODSCHA WURDE ES EINES TAGES überdrüssig, seinen Esel zu füttern.

«Ab heute obliegt dir die Pflege des Esels», sagte er zu seiner Frau, die aber dieses Ansinnen von sich wies. Zwischen den Eheleuten entbrannte ein heftiger Wortstreit, der nicht enden wollte. Schließlich verstummten die beiden und einigten sich dahin, daß der, der zuerst das Schweigen breche, die Fütterung des Esels zu übernehmen habe.

Der Hodscha zog sich in eine Ecke zurück und verharrte dort viele Stunden, ohne ein einziges Wort zu sprechen.

Das verdroß sein Eheweib nicht wenig, und schließlich überließ sie den Hodscha sich selber, um die Gelegenheit zu einem Plausch mit ihrer Nachbarin zu nutzen. Sie begab sich also ins Nachbarhaus, wo sie den ganzen Tag verbrachte. Sie erzählte der Nachbarin, was zwischen ihr und ihrem Mann vorgefallen war. Als die Zeit des Abendgebets näherrückte, sagte sie: «Der Hodscha ist ein ausgesprochener Dickkopf. Nun hat er den lieben langen Tag nichts gegessen, und doch würde er lieber Hungers sterben als sich eine Silbe entlocken lassen. Ich glaube, wir täten gut daran, ihm eine Schüssel Suppe zu schicken.» Man rief einen Jungen und trug ihm auf, die bereitgestellte Schüssel Suppe zu dem Hodscha zu bringen.

Nun ist aber zu vermelden, daß nach dem Weggang der Frau beim Hodscha ein Dieb eindrang, der im Haus alles zusammenraffte, was Geld einbringen mochte. Der Dieb kam auch in das Zimmer, in dem sich der Hodscha befand. Der Lärm, den er verursachte, hatte den Hodscha nicht aufschrecken können. Stumm saß er in seiner Ecke, worüber sich der Dieb in höchstem Maße wunderte. Da der Dieb in der Miene des Hodscha kein Zeichen des Unmuts entdeckte und sogar sein Gepolter den beharrlich schweigenden Hodscha nicht zu irritieren vermochte, glaubte jener, den Hodscha müsse der Schlag getroffen haben. So fuhr der Dieb fort, alle ihm wertvoll dünkenden Gegenstände vor seinen Augen einzupacken. Endlich wurde der Dieb doch durch das gleichgültige, abwesende Gebaren des Hodscha irritiert. Ich nehme ihm jetzt noch den Turban vom Kopf, mal sehen, ob er sich auch dann nicht rührt, sprach der Dieb zu sich. Gesagt, getan, doch der Hodscha verharrte weiter in Denkmalsstarre, worauf sich der Dieb die gestohlenen Sachen mit einem Schwung auf den Rücken lud und verschwand.

Just in diesem Augenblick trat der Junge ein, der die Schüssel Suppe brachte.

«Hier ist Suppe für Euch», sagte der Junge zum Hodscha.

Der Hodscha suchte dem Jungen mit stummen Gesten deutlich zu machen, daß ein Einbrecher im Haus gewütet und ihm sogar den Turban vom Kopf gestohlen habe. Sich das Sprechen verkneifend, pfiff der Hodscha durch die Zähne, beschrieb mit der Hand drei Kreise in der Luft und zeigte schließlich auf seinen Kopf, der ohne Turban war.

Allein der Junge legte diese Gesten so aus, daß er die Schüssel mit der Suppe dreimal über dem Hodscha schwenken und ihm dann auf den Kopf stülpen solle. Und der Junge zögerte nicht, es zu tun.

Das Gesicht des Hodscha wurde von der dampfenden Suppe verbrüht, Haar, Augenbrauen und Bart dampften, er bot wirklich einen jämmerlichen Anblick. Doch der Hodscha verwehrte es sich wiederum, auch nur einen einzigen Laut von sich zu geben.

Zu den Frauen im Nachbarhaus zurückgekehrt, berichtete der Junge auf Befragen, in welchem Zustand er den Hodscha angetroffen habe, und er vergaß nicht, zu erwähnen, daß die Haustür offengestanden habe, die Schränke durchwühlt gewesen seien und im Haus eine heillose Unordnung herrsche.

Die Frau des Hodscha begriff sofort, daß etwas Ernsthaftes vorgefallen sein müsse und kehrte eilends zu ihrem Mann zurück. Erregt stürzte sie auf den Hodscha zu, der weiterhin stumm wie ein Götzenbild verharrte, und rief:

«Um Himmels willen! Du siehst ja furchtbar aus! Was ist bloß geschehen?»

«Begib dich in den Stall und füttere endlich den Esel!» antwortete der Hodscha gelassen. «Du siehst nun, wohin Starrköpfigkeit führt. Konntest du nicht gleich dem Esel zu fressen geben?»

Eines Tages wurde der Hodscha gefragt, wer von beiden nützlicher sei, die Sonne oder der Mond. «Da die Sonne am Tag aufgeht, hat die Dunkelheit von ihr keinen Nutzen. Der Mond hingegen geht nachts auf und erhellt die Dunkelheit, weshalb ich seinen Nutzen höher veranschlage als den der Sonne», lautete die Antwort des Hodscha.

Einmal hatte Nasreddin Hodscha auf dem Basar Gemüse eingekauft und es in seinen Tragsack gestopft. Er hängte sich den Tragsack über die Schulter, bestieg seinen Esel und ritt davon. Unterwegs hielt ihn jemand an und sagte:

«Warum hast du den Tragsack nicht über den Sattel deines Esels gelegt? Du könntest so doch bequemer reiten!»

«Was seid ihr doch für ungerechte Menschen!» entgegnete der Hodscha. «Hat nicht ein Esel schon genug Last an mir? Ich habe es bis heute nicht übers Herz gebracht, ihm auch noch den Tragsack aufzubürden.»

HAST DU VIERZIGJÄHRIGEN ESSIG, HODSCHA Efendi?» fragte eines Tages ein Nachbar den Meister. «Ja!» lautete die Antwort des Hodscha.

«Möchtest du mir nicht ein wenig davon abgeben?»

«Nein!»

«Warum nicht?»

«Glaubst du, der Essig wäre 40 Jahre alt geworden, wenn ich jedermann davon abgegeben hätte?»

Nasreddin Hodscha besass ein sehr hübsches Lamm, an dem er über alle Maßen hing. Der Hodscha ließ dem Tier eine sorgsame Pflege angedeihen. Es wich nie von seiner Seite und erfreute ihn durch seine Neckereien und drolligen Sprünge.

Einige Freunde des Hodscha hatten ihr Auge auf das Lamm geworfen. Sie beschlossen, es ihm mit List herauszulocken. Es gelüstete sie, das schöne Tier zu schlachten und am Spieß zu braten. Einer von ihnen trat an den Hodscha heran und sagte:

«Es heißt, das Jüngste Gericht stehe dicht bevor. Heute oder morgen schon kann das Weltende eintreten. Dann brauchst du doch das Lamm nicht mehr. Du tätest gut daran, es beizeiten zu schlachten und für uns, deine Freunde, am Spieß zu braten.»

Anfänglich wollte der Hodscha nichts davon hören, doch ein anderer äußerte sich im ähnlichen Sinn. Als er sich weiterhin ablehnend verhielt, setzte ihm die Freundesschar derart zu, daß er schließlich einwilligte. Man kam überein, das Lamm am nächsten Tag im Freien zu schlachten und am Spieß zu braten.

So geschah es auch. Es war ein herrlicher Tag. Während der Hodscha sein geliebtes Lamm über dem offenen Feuer am Spieß drehte, kamen die Freunde auf den Gedanken, ein Luftbad zu nehmen und sich nach Herzenslust zu tummeln. Sie legten also ihre Kleider ab und gaben sie dem Hodscha in

Verwahrung, worauf sie übermütig davonrannten. Der Hodscha, dem beim Drehen des Spießes das Herz weh tat, benutzte die Abwesenheit der Freunde, um alle ihre Kleider ins Feuer zu werfen.

Kurz darauf verspürten die Freunde Hunger, denn der Duft des gebratenen Lamms war ihnen in die Nase gestiegen, und überdies waren sie vom vielen Laufen ermüdet. Aber als sie sich wieder beim Hodscha einfanden, sahen sie, daß er ihre Kleider verbrannt hatte und daß nur ein Häufchen Asche zurückgeblieben war.

«Um Himmels willen, Hodscha! Wieso hast du dich erdreistet, unsere Kleider zu verbrennen?» riefen sie entsetzt und fielen über den Hodscha her.

Er wehrte sie ab:

«Warum regt ihr euch denn so auf, liebe Freunde? Ihr sagtet doch selbst, daß morgen die Welt untergeht. Dann braucht ihr auch keine Kleider mehr!»

Der Hodscha war zu einem festlichen Essen eingeladen worden, trug aber keine Bedenken, sich in abgetragener Kleidung im Haus des Gastgebers einzufinden. Man ließ ihn deshalb in einer Ecke stehen und niemand schenkte ihm irgendwelche Beachtung.

Der Hodscha entfernte sich heimlich von der Gesellschaft und eilte nach Hause, wo er wieder seinen kostbaren Pelz anzog. Als er zurückkam, wurde er schon an der Tür mit der größten Ehrerbietung empfangen und an den Ehrenplatz der Tafel geleitet.

«Macht es Euch bequem, Hodscha! Bitte, greift zu, lieber Hodscha!» ereiferte sich der Gastgeber.

Der Hodscha tunkte seinen Pelz in die Bratenschüssel.

«Bitte, greife zu, lieber Pelz!» sagte er.

Als die Anwesenden ihn fragten, was dieses sonderbare Benehmen zu bedeuten habe, antwortete der Hodscha: «In meiner alten Kleidung wurde ich vorhin nicht zu Tisch gebeten. So kann also die Aufforderung nur meinem schönen Pelz gelten, und es darf euch nicht wundern, wenn ich ihn jetzt zugreifen lasse.»

NASREDDIN HODSCHA HATTE ZWEI FRAUEN. JEDER der beiden Frauen gab er einen Glücksstein aus blauem Basalt und sagte: «Hüte dich, diesen Stein deiner Hausgenossin zu zeigen! Er ist das Unterpfand meiner Liebe.»

Eines Tages wurde der Hodscha von beiden Frauen mit der Frage bestürmt, welche er am meisten liebe.

«Mein Herz gehört derjenigen, die den blauen Basalt besitzt», antwortete der Hodscha.

Da jede der beiden Frauen wähnte, allein den Glücksstein zu besitzen, besänftigten sie sich bei dieser Antwort und das gute Einvernehmen zwischen ihnen war hergestellt. Auf diese Weise gelang es dem Hodscha, Frieden zwischen den beiden Rivalinnen zu stiften.

Ein Geizhals fragte den Hodscha, ob er das Geld auch liebe. Darauf erhielt er die Antwort: «Ja, und zwar deshalb, weil es mich davor bewahrt, auf Geizhälse und Hartherzige angewiesen zu sein.»

Ein Unbekannter versetzte dem Hodscha einen leichten Schlag in den Nacken und sagte, als er sich entrüstet umwandte: «Ich habe Euch versehentlich mit einem meiner Freunde verwechselt.» Allein, der Hodscha gab sich mit dieser Erklärung nicht zufrieden und brachte den Mann vor Gericht.

Der Zufall wollte es, daß der Mann zum Freundeskreis des Richters gehörte. Der Richter ließ den Hodscha vortreten und sagte: «Hau ihm auch eine runter und ihr seid quitt.»

Diesen Vergleich lehnte der Hodscha ab, worauf der Richter dem Beklagten eine Buße von einem Silbertaler auferlegte. Dem Beklagten wurde aufgegeben, den Silbertaler herzuschaffen, wodurch ihm aber nur die Gelegenheit gegeben wurde zu entwischen.

Nachdem der Hodscha viele Stunden vergeblich auf die Rückkehr des Mannes gewartet hatte, begriff er, welches Spiel der Richter mit ihm trieb. Er machte sich die Zerstreutheit des Richters zunutze, um ihm einen Nackenstreich zu versetzen.

«Ich kann nicht mehr länger warten, Euer Ehren. Sie können ja jetzt den Silbertaler für sich kassieren, wenn der Mann zurückkommt», sagte der Hodscha und machte sich davon.

Eines Tages wollte sich ein Nachbar den Esel des Hodscha ausleihen.

«Der Esel ist nicht da», erwiderte der Hodscha.

In diesem Augenblick vernahm man vom Stall her das Geschrei des Tieres.

«Wie kannst du den Esel verleugnen! Hörst du denn nicht, daß er drinnen im Stall schreit?»

Der Hodscha wiegte den Kopf hin und her.

«Allah, Allah, was bist du doch für ein sonderbarer Mensch! Mir, der ich einen weißen Bart habe, willst du nicht glauben, das Geschrei eines Esels gilt dir mehr», sagte der Hodscha.

Eines Nachts träumte der Hodscha, man habe ihm 9 Silbergroschen geschenkt. «Könnten es nicht 10 Silbertaler sein», bat er inständig und wachte dabei auf.

Als er sah, daß seine Hand leer war, drückte er fest die Augen zu und sagte, die Hand erneut ausstreckend: «Gib schon her! Auch 9 Silbergroschen sind nicht übel.»

EINES TAGES WURDE DER HODSCHA GEFRAGT, OB man sich bei einem Leichenbegängnis vor oder hinter dem Sarg befinden solle.

«Hauptsache ist, daß man sich nicht im Sarg befindet», antwortete der Hodscha.

«Du stehst im Ruf, ein ziemlich gelehrter Mann zu sein. Wir möchten von dir wissen, wie groß der Umfang der Welt ist», sagte man eines Tages zum Hodscha.

In diesem Augenblick ging gerade ein Leichenzug vorüber. Der Hodscha deutete auf den Sarg und sagte:

«Niemand könnte diese Frage besser beantworten als der Mensch, der da drinnen liegt, denn er hat die Welt ganz durchmessen und scheidet aus ihr.»

MAN HATTE ES DURCH LIST ZUWEGE GEBRACHT, daß unser Hodscha eine Häßliche geehelicht hatte. Als er sich am Morgen nach der Hochzeitsnacht anschickte, das Haus zu verlassen, trat sie vor ihn hin und sagte, sich mädchenhaft zierend:

«Sag mir noch, wie ich mich verhalten soll, wenn Besuch kommt! Vor welchen Männern aus deiner Verwandtschaft muß ich mich verschleiern und wem darf ich mich zeigen?»

«Zeig dich, wem du willst, mich aber verschone!» antwortete der Hodscha.

EINES TAGES WAR DAS HEMD DES HODSCHA, DAS ER zum Trocknen an einem Baum aufgehängt hatte, vom Wind heruntergerissen worden.

«Eigentlich müßte ich jetzt aus Dankbarkeit ein Opferlamm schlachten», murmelte der Hodscha in seinen Bart.

Als seine Frau nach dem Grund solcher Dankbarkeit forschte, entgegnete er: «Allah gebührt Preis und Dank! Blieb es mir nicht erspart, in dem Hemd zu stecken, das der Wind zu Boden riß?»

EINES TAGES SAGTE MAN ZUM HODSCHA: «Deine Frau hat den Verstand verloren.» Der Hodscha versank ins Grübeln. Als man ihn fragte, worüber er nachdenke, entgegnete er:

«Meine Frau hat nie Verstand besessen. Ich vermute, sie muß irgend etwas anderes verloren haben. Darüber sinne ich nach.»

Als der Hodscha in einem Dorf zu Besuch weilte, geschah es, daß er seinen Tragsack verlor.

«Schafft mir meinen Tragsack wieder her!» sagte der Hodscha zu den Bauern. «Ich weiß nicht, was ich sonst machen werde!»

Diese Worte des Hodscha, der überall Ruhm und Ansehen genoß, versetzten die Bauern in Angst. Sie ruhten nicht eher, als bis sie den Tragsack gefunden hatten. Einer von ihnen fragte sodann in seiner Neugier:

«Was hättest du denn gemacht, wenn es uns nicht gelungen wäre, den Tragsack wieder herzuschaffen, bester Hodscha?»

«Welch dumme Frage, mein Sohn!» erwiderte der Hodscha gelassen. «Ich habe zu Hause einen alten Kelim. Aus diesem hätte ich einen neuen Tragsack gemacht.»

Eines Tages drang beim Hodscha ein Dieb ein. «Ich höre, wie ein Dieb im Haus umhergeht», sagte die Frau des Hodscha voller Entsetzen.

«Verhalte dich bitte ganz ruhig», entgegnete der Hodscha. «Laß ihn doch! Es wird ihm schwerfallen, etwas Brauchbares zu finden. Wenn es ihm trotzdem gelingen sollte, dürfte es ein leichtes sein, ihm die Beute wieder abzunehmen.»

DER HODSCHA BEGAB SICH MIT SEINEM SOHN IN ein benachbartes Dorf. Er selbst ging zu Fuß, während sein Sohn auf dem Esel ritt.

«Die Jugend von heute taugt nichts», sagten einige Leute, die ihnen unterwegs begegneten. «Wie bringt es solch ein Grünschnabel fertig, seinen ehrwürdigen alten Vater Strapazen auszusetzen, während er sich's auf dem Esel höchst bequem macht!»

«Nun hast du's, Vater», sagte der junge Bursche. «Jetzt werde ich getadelt. In Wahrheit warst du es, der sich sträubte, den Esel zu besteigen. Willfahre endlich meiner Bitte und sitz auf!»

Nachdem der Hodscha das Tier bestiegen hatte und eine Weile geritten war, kamen wieder einige Leute des Wegs.

«Was soll das, Hodscha?» riefen sie. «Kannst du zusehen, wie sich dieses zarte Bürschlein in der Sonnenglut abrackert? Um deine alten Knochen wäre es nicht schade. Deine Tage sind ohnehin gezählt. Schone deinen Jungen!»

Diese Worte veranlaßten den Hodscha, seinen Jungen mit auf den Esel zu nehmen. Allein, es dauerte nicht lange und sie begegneten einem noch größeren Nörgler.

«Du willst wohl den armen, schwachen Esel zu Tode reiten?» rief der Mann. «Zwei sind doch eine zu schwere Last für dieses bedauernswerte Tier. Deine Handlungsweise macht einem Hodscha gewiß keine Ehre!»

Hierauf sprang der Hodscha wütend vom Esel und ließ

auch seinen Jungen absteigen. Vater und Sohn gingen jetzt beide zu Fuß und ließen den Esel vor sich her trotten.

«Allah, Allah!» rief alsbald ein anderer, der ihnen entgegenkam. «Die Dummen werden nicht alle! Da laßt ihr den Esel vor euch her traben, schleppt eure müden Glieder über die staubige Straße und kommt vor Hitze bald um. An solchen Tölpeln könnte man fast verzweifeln!»

Als unser Hodscha diese Worte vernahm, sagte er: «An mir ist es, zu verzweifeln. Ich möchte den Mann finden, der imstande ist, es allen recht zu machen!»

Eines Tages beobachtete der Hodscha auf dem Basar, wie ein Vogel, nicht größer als eine Taube, bei der Versteigerung 12 Goldstücke erbrachte. Alle Vogelarten scheinen zur Zeit in hohem Kurs zu stehen, sprach er zu sich selber. Ich muß die Gelegenheit beim Schopf packen und unseren ehrwürdigen Truthahn an den Mann bringen.

Von solcher Hoffnung angespornt, nahm unser Hodscha am nächsten Tag den stattlichen Truthahn unter den Arm und begab sich zum Basar. Das Tier, das eine Halskette aus Korallen zierte und das gewohnt war, verhätschelt zu werden, trug ein stolzes Gebaren zur Schau.

Voller Ungeduld wartete unser Hodscha auf den Beginn der Versteigerung, doch sie erbrachte für den Truthahn nur 12 Silbergroschen. Mehr wurde nicht geboten. Und auch der Preis von 12 Silbergroschen wurde nur erzielt, weil der Truthahn von unserem Hodscha gemästet worden war.

«Ich bin entsetzt», rief der Hodscha, zu den Auktionatoren und Kaufleuten des Basars gewandt. «Erst gestern war ich Zeuge, wie ihr für einen bemalten Vogel, der nicht größer war als eine Taube, 12 Goldstücke bezahlt habt. Ich leugne nicht, daß jener Vogel schön bemalt war, doch mit dem meinigen kann er es nicht aufnehmen. Schaut doch das prächtige bunte Gefieder dieses herrlichen Vogels an. Sein Hals und sein Schnabel leuchten in der Sonne wie Rubine. Überdies kommt seine Leibesfülle derjenigen eines Lamms gleich. Und welch wundervoller Anblick, wenn er sich aufplustert. Er steht nicht hinter einem indischen Pfau zurück! Man wird nicht müde, seine Schönheit zu bewundern! Die Not zwingt mich, ihn zu verkaufen, doch ihr hättet das Jammern meiner Ehehälfte hören müssen, als ich mit ihm das Haus verließ. Sie schluchzte herzzerbrechend, und viel fehlte nicht und das arme Tier hätte ebenfalls geweint!»

Nachdem sich die Kaufleute und Auktionatoren des Basars eine Weile an der flammenden Rede des Hodscha ergötzt hatten, sagte einer von ihnen:

«Beruhige dich, lieber Hodscha! Du redest drauflos, ohne zu wissen, wie sich die Dinge in Wahrheit verhalten. Bei jenem Vogel handelt es sich nicht um ein gewöhnliches Geschöpf, sondern um einen Papagei, dessen Gefieder in so herrlichen Farben schillert, als hätte ein Maler an ihm seine Kunst erprobt.»

Aber der Zorn unseres Hodscha legte sich keineswegs, zumal er sich um die Hoffnung betrogen sah, mit gefüllter Börse nach Hause gehen zu können.

«Summt mir nicht die Ohren voll!» entgegnete unser Hodscha. «Papagei hin, Papagei her! Schließlich ist er auch nur ein Vogel. Was ist denn Besonderes an ihm?»

«Ein Wundervogel ist dieser Papagei, lieber Hodscha!» gab der Angesprochene im Vorgefühl seines Triumphs zurück. «Dieser Wundervogel besitzt die Gabe zu reden.»

Während unser Hodscha mit liebevoller Gebärde auf den alten Truthahn deutete, der sich stumm in seinen Arm schmiegte, entgegnete er:

«Mag jener Vogel die Gabe besitzen, schön zu reden, mein Vogel ist ein tiefer Denker.»

UNSER HODSCHA BESASS EIN ZUTRAULICHES, drolliges und hübsches Schaf. Da er sehr an dem Tier hing, überfütterte er es. Schließlich wurde es so fett, daß es sich nicht mehr rühren konnte. Die Nachbarn, denen beim Anblick des Schafs das Wasser im Mund zusammenlief, lagen unserem Hodscha fortgesetzt in den Ohren:

«Laßt uns doch das Schaf schlachten! Wir könnten einen netten Schmaus veranstalten.»

«Dieses Schaf ist mir ans Herz gewachsen. Rührt es ja nicht an! Ich will kein Wort mehr davon hören, sonst werde ich ernstlich böse», sagte der Hodscha, als die Nachbarn nicht aufhörten, ihn wegen des Schafs zu bedrängen.

Diese Worte ließen bei ihnen keinen Zweifel, daß sich der Hodscha nie und nimmer bereit finden würde, sein Lieblingsschaf herzugeben. So fiel eines Tages sein nächster Nachbar über das Tier her und trug es wie ein Wolf fort. Hinter dem Rücken des Hodscha wurde es geschlachtet und verspeist.

Doch dieser erfuhr auf Umwegen, wer es gestohlen und wer sich an dem Braten gütlich getan hatte. Aber der Hodscha ließ sich überhaupt gar nichts anmerken.

Zwei Jahre danach fiel dem Hodscha eine Angoraziege in die Hände, die demselben Nachbarn gehörte, der sein Schaf gestohlen hatte. Er zögerte nicht, die Ziege zu schlachten und sich ein festliches Mahl zu gönnen.

Der Nachbar aber, ein überaus knickriger Mann, der den

Verlust der Ziege nicht verschmerzen konnte, redete einen ganzen Winter hindurch bei abendlichen Zusammenkünften unaufhörlich von seiner Angoraziege. Er erging sich in Beschreibungen ihrer Vorzüge. «Ihre Wolle war unerhört lang. Schade um das stattliche Tier!» Wer die Ziege nicht gesehen hatte, mußte beim Anhören dieser Lobreden glauben, daß es sich um ein ganz seltenes, herrliches Tier gehandelt habe.

Dieses Gerede ging unserem Hodscha allmählich auf die Nerven.

Eines Abends trafen sich die Nachbarn wieder zu einem geselligen Beisammensein im Haus des Hodscha, und besagter Mann nahm abermals die Gelegenheit wahr, seine Angoraziege zu rühmen. Er verstieg sich zu der Behauptung, sie sei so groß gewesen wie ein Kamel und habe sechs Okka Wolle am Leib gehabt. Er dichtete der schwarzen Ziege weiße Wolle an, weich wie Seide. Da konnte der Hodscha nicht mehr an sich halten und sagte, zu seinem Sohn gewandt:

«Geh mal in den Vorratskeller und hole das Fell, das ich der Ziege dieses Kerls abgenommen habe. Ich habe Lust, es hier vorzuzeigen, damit jeder sehen kann, ob es schwarz oder weiß war, ob es die Größe eines Kakerlakens oder eines Elefanten hatte. Möge der Kerl vor Scham in die Erde sinken und wir künftig von seiner Ziegenmär verschont bleiben!»

An einem heissen Sommertag bestieg Nasreddin Hodscha seinen Esel, um sich in ein benachbartes Dorf zu begeben. Unterwegs lud ihn ein großer Nußbaum zum Verweilen ein. Er stieg ab und band das Tier an einem Ast des Baums fest. Hierauf suchte er sich unter dem Baum einen schattigen Platz, nahm seinen Turban ab und knöpfte sich das Hemd auf.

Während er sich nun den Schweiß abwischte und in dem kühlen Schatten erquickte, fiel sein Blick auf einige riesige Kürbisse, die der angrenzende Acker trug. Hin und wieder hob er den Kopf, und da entdeckte er an den Zweigen des Baums die Nüsse. Ohne seine Augen vom Baum zu wenden, sprach er zu sich: «O Allah! Wie soll ich aus deiner Schöpfung klug werden? Schau, diese dünnen Stengel dort tragen schwere und riesige Kürbisse. Auf diesem Baum hier, dessen Rumpf zwei Menschen nicht umspannen, läßt du aber nur kleine Früchte gedeihen. Eigentlich gehörten die riesigen Kürbisse auf den Baum und die Nüsse auf die dünnen Kürbisstengel. Ich glaube, daß das sinnvoller wäre.»

In diesem Augenblick knackte ein Rabe, der auf dem Baum saß, eine Nuß auf. Die Schale wurde nach unten geschleudert und traf unseren guten Hodscha mitten auf die Stirn. Es tat sogar empfindlich weh. Ein Schmerzenslaut löste sich von seinen Lippen und in seinem Blick spiegelte sich Entsetzen. Schnell griff er nach seinem Turban und drückte ihn sich tief in die Stirn. «O Allah!» rief er. «Reue über mich! Ich werde fortan deine Schöpfung nicht mehr bemängeln. Hättest du auf diesem Baum statt der Nüsse Kürbisse reifen lassen, wäre mein armer Kahlkopf jetzt zerschmettert worden.»

Eine Zeitlang pflegte die Frau des Hodscha die Abende bei Nachbarn zu verbringen, derweil unser Hodscha das Haus zu hüten hatte. Schließlich wurde unserem Hodscha hinterbracht, daß sein Eheweib mit Frauen zweifelhaften Rufs Umgang habe.

Eines Tages gebrauchte sie wieder allerlei Vorwände, um sich von zu Hause fortzustehlen, und kam erst zu später Stunde zurück. Als sie an die Haustür klopfte, weigerte sich unser Hodscha beharrlich, ihr zu öffnen. Hierauf verlegte sie sich aufs Bitten und Flehen, vermochte aber den erzürnten Hodscha nicht umzustimmen. Nun drohte sie mit Selbstmord. «Ich stürze mich hier in den Brunnen, damit ich endlich von dir erlöst werde!» rief sie. Im Nu war sie verschwunden.

Von seinem Fensterplatz aus konnte der Hodscha zwar den Brunnen nicht sehen, aber er vernahm gleich darauf einen Plumps. Es war aber nicht der fallende Körper seines Eheweibes, der dieses Geräusch verursachte, sondern es rührte von einem riesigen Stein her, den die Listenreiche hineingeworfen hatte. Sie selbst verbarg sich im Schatten der Hausmauer.

«O weh!» rief der Hodscha. «Sie hat's getan! Ich eile, dieses verrückte Frauenzimmer aus dem Brunnen zu ziehen!»

Kaum war der Hodscha aus dem Haus gerannt und zum Brunnen gelaufen, da tauchte sein Eheweib aus dem Dunkel auf, huschte ins Haus und verriegelte die Tür hinter sich.

Nun war unser Hodscha an der Reihe, Einlaß zu begehren und sich aufs Bitten zu verlegen, als ihm nicht geöffnet wurde.

«Bei Allah, meine Geduld ist zu Ende, ich habe dich satt!» schrie seine Frau, die inzwischen seinen Fensterplatz eingenommen hatte. «Jede Nacht treibst du dich herum und mir willst du weismachen, im Nachbarhaus ein Stündchen geplaudert zu haben! Ich möchte nur wissen, mit welcher Dirne du wieder gezecht hast. Du hast überhaupt kein Schamgefühl mehr. Dein weißer Bart sollte dich doch hindern, ein solch wüstes Leben zu führen. Schade um meine Jugend, die ich dir geopfert habe. Ich werde dich vor der ganzen Stadt blamieren. Wage es ja nicht wieder, die halbe Nacht wegzubleiben!»

Unser Hodscha war von der Kunst seiner Frau, den eigenen schlechten Lebenswandel ihm anzudichten und den Spieß umzudrehen, geradezu verblüfft. Die Nachbarn kamen aus ihren Häusern und bald war er von einer großen Menschenmenge umringt. Er vermochte in seinem Unmut nur die Worte hervorzustoßen: «Wer den Hodscha wirklich kennt, stopfe um Allahs willen dieses Lügenmaul!»

Eines Tages war unser Hodscha auf die Kanzel der kleinen Moschee seines Wohnviertels gestiegen, um eine Predigt zu halten und die Gläubigen zur Tugendhaftigkeit zu ermahnen. Das Volk strömte in die Moschee voller Erwartung, was der Hodscha wohl zum besten geben würde. Der Hodscha saß eine ganze Weile auf der Kanzel und strengte sich vergeblich an, einen geeigneten Text zu finden. Alle Augen waren auf ihn gerichtet, die Gemeinde hing förmlich an seinen Lippen, wodurch die Verwirrung unseres Hodscha einen solchen Grad erreichte, daß er nicht einen einzigen Satz zu formen vermochte. Schließlich wurde der Hodscha seines Versagens inne und wandte sich mit folgenden Worten an die versammelte Gemeinde:

«O ihr Gläubigen! Daß ich kein großer Prediger bin, ist euch ja hinlänglich bekannt. Ist es nicht eine Augenweide für euch, daß ich hier oben auf der Kanzel sitze, ohne daß mir auch nur etwas einfällt?»

Der Sohn des Hodscha saß zufällig unter der Kanzel. Bei diesen Worten seines Vaters erhob er sich und sagte:

«Daß dir nichts einfällt, mag dahingehen. Müßte dir aber nicht der Gedanke kommen, daß es an der Zeit ist, von der Kanzel wieder herunterzukommen, Papa?»

Damit rettete der Junge seinen Vater aus einer peinlichen Situation und bewies zugleich, daß er ganz nach ihm geartet war.

Als der Hodscha eines Tages durch die Auktionshalle des Basars ging, in der wertvolle Gegenstände versteigert werden, beobachtete er, wie einer der Ausrufer ein Schwert für 3000 Kupfergroschen an den Mann zu bringen suchte. Er trat näher und besah sich das Schwert.

«Dieses alte Ding ist doch nie und nimmer 3000 Kupfergroschen wert», sagte er zu den Umstehenden.

«Wenn man mit ihm auf den Feind eindringt, verlängert es sich um 5 Ellen», wurde er belehrt.

Am nächsten Tag nahm der Hodscha den Feuerhaken von seinem Herd und eilte mit ihm zum Basar, wo er ihn für 3000 Kupfergroschen feilzubieten begann. Er konnte sogar einige Interessenten anlocken, die sich aber durch Augenschein überzeugten, daß das Ding, das der Hodscha wie ein Schwert über seinem Kopf schwang, ein ganz gewöhnlicher Feuerhaken ist, den man überall für 2 Kupfergroschen ersteht.

«Was ist denn an diesem Haken Besonderes und Wertvolles, daß du es wagst, ihn so lautstark für 3000 Groschen anzubieten, lieber Hodscha?» fragten ihn die Händler und Auktionatoren des Basars.

«Ich war doch erst gestern Zeuge, wie ihr für einen ganz gewöhnlichen Säbel den Preis von dreitausend gefordert habt, weil er sich, gegen den Feind gezückt, um 5 Ellen verlängere. Dieser Feuerhaken verlängert sich jedoch um ganze 10 Ellen, wenn es meiner erzürnten Gattin beliebt, ihn nach mir zu schleudern», entgegnete unser Hodscha.

EINES TAGES BEGAB SICH UNSER HODSCHA ZUM Haus eines reichen Bürgers der Stadt, der ihm stets große Achtung erwies und wiederholt zu verstehen gegeben hatte, daß er sich freuen würde, ihn bei sich zu sehen. Als sich der Hodscha dem Haus näherte, beobachtete er, wie sein Gastgeber, der am Fenster saß, schnell den Kopf abwandte und verschwand. Der Hodscha klopfte an die Tür und sagte:

«Ich möchte dem hohen Herrn meine Aufwartung machen und hoffe, nicht ungelegen zu kommen.»

«Wie schade! Der gnädige Herr ist eben ausgegangen», ließ sich eine Stimme hinter der Tür vernehmen. «Er wird es unendlich bedauern, daß Ihr ihn nicht antreffen konntet.»

Der Hodscha, der sich maßlos darüber ärgerte, auf solche Weise abgewimmelt zu werden, entgegnete nun so laut, daß man es im ganzen Haus hören konnte:

«Oh, das macht nichts! Bestellt nur dem gnädigen Herrn, er solle das nächste Mal beim Verlassen des Hauses weniger vergeßlich sein und den Kopf nicht auf dem Fensterbrett liegenlassen!»

UNSER HODSCHA WAR ZUM ESSEN EINGELADEN. An jenem Tag herrschte große Hitze und der Gastgeber ließ eine riesige Schüssel eisgekühlte Fruchtschale hereinbringen. Während er sich selbst einen regelrechten Schöpflöffel nahm, erhielt unser Hodscha nur einen flachen kleinen Löffel. Der Gastgeber fing an die Kaltschale herunterzuschlingen und sagte voller Behagen: «Ich könnte vor Wonne sterben!»

Unser Hodscha bekam aber fast nichts auf sein flaches Löffelchen. Ihm war es nur vergönnt, daran zu lecken.

Als der Gastgeber sich anschickte, die Schüssel zu leeren, wobei er immer wieder genießerisch «Ich könnte vor Wonne sterben!» rief, konnte unser Hodscha nicht mehr an sich halten und erwiderte:

«Hättet Ihr nicht die Güte, mir für einen Augenblick Euren Löffel zu leihen, damit ich auch mal vor Wonne sterben kann?»

UNSEREM HODSCHA WAR SEIN ESEL ENTLAUFEN. Er brach auf, das Tier zu suchen, und stimmte gleichzeitig ein fröhliches Lied an.

«Du hättest doch Anlaß zur Klage», sagte man zu ihm.

«Ich habe Hoffnung, daß sich der Esel hinter diesen Berg verirrt hat. Wenn ich in dieser Hoffnung enttäuscht werde und ihn dort nicht finde, dann kommt und hört euch mein Gejammer an!»

Eines Tages brach der Hodscha mit seinem Esel auf, um aus dem Wald Holz zu holen. Als der Esel einen Berghang erklimmen sollte, wurde er störrisch und rührte sich nicht mehr von der Stelle.

«Hol dir vom Kräuterhändler ein wenig Juckpulver und streue es dem Esel auf den Hintern!» riet unserem Hodscha ein Mann, der vorüberkam. «Wie ihm das Beine machen wird!»

Der Hodscha befolgte diesen Rat, und der Esel begann zu rennen, als ginge es um sein Leben.

Auf dem Heimweg befiel den Hodscha eine große Mattigkeit, und er konnte sich kaum mehr auf den Beinen halten. Da erprobte er das Medikament auch an sich und erreichte noch vor dem Esel sein Haus. Dort angekommen, vermochte er nicht stillzusitzen und begann ruhelos umherzuwandern.

«Warum irrst du denn so umher?» fragte ihn seine Frau.

«Wenn du mit mir Schritt halten willst, brauchst du dir nur ein bißchen von dem Juckpulver auf den Allerwertesten zu streuen», entgegnete unser Hodscha.

Unser Hodscha hatte von einem Mann Geld zu bekommen. Eines Morgens stand er auf, um seine Forderung einzutreiben. Da sein Schuldner in einem entlegenen Stadtviertel wohnte, mußte er einen weiten Weg zurücklegen. Dieser beteuerte aber, keine 10 Piaster zu besitzen. Enttäuscht strebte unser Hodscha heimwärts und bekam unterwegs furchtbaren Hunger.

Als er an einem Bäckerladen vorbeikam, aus dem ihm der Duft frisch gebackenen Brotes entgegenströmte, nahm er sich, vor Hunger fast ohnmächtig, einen Laib von der Auslage. Dann setzte er sich in den Schatten einer Weide und hob den Blick zum Himmel. «Du weißt, o Allah, daß ich Hunger habe und daß meine Taschen leer sind. Es ist dir auch bekannt, daß jener mir eine Menge Piaster schuldet. Du bist der Allwissende und der Allmächtige und kein Ding ist dir unmöglich. So bitte ich dich, von dem Guthaben, das ich bei jenem habe, 2 Piaster hereinzuholen und dem Bäcker zu geben!»

Nach diesem Stoßgebet fing er an, das entwendete Brot gierig hinunterzuschlingen. Der Bäcker, der die Not unseres Hodscha erkannte, schenkte ihm noch ein zweites Brot, um sich seiner Dankbarkeit zu versichern.

Unser Hodscha hatte Weizen zum Mahlen in die Mühle gebracht. Nachdem er das Korn ausgeschüttet hatte, fing er an aus den Weizensäcken anderer Kunden in seine leer gewordenen Säcke zu scheffeln.

«Was treibst du da?» rief der Müller.

«Ich gehöre zu den Dummköpfen, die das machen, was ihnen gerade in den Sinn kommt», entgegnete der Hodscha.

«Von einem Dummkopf ist aber eher zu erwarten, daß er seinen eigenen Weizen in fremde Säcke tut», meinte der Müller.

«So riesig dumm bin ich nun wieder nicht», entgegnete unser Hodscha.

ALS UNSER HODSCHA AM STRAND SPAZIERENGING, bekam er plötzlich großen Durst. Er wußte sich nicht anders zu helfen, als Meerwasser zu trinken. Sein Durst wurde aber keineswegs gelöscht, im Gegenteil, es brannte ihm in der Kehle und Übelkeit befiel ihn. Schließlich stieß er nach einer Weile auf eine Quelle, die süßes Wasser spendete. Nachdem er sich gelabt hatte, schöpfte er in seine Kappe Quellwasser und ging damit zum Ufer zurück.

«Die Schaumkronen deiner Wellen können mir nicht imponieren. Mit deiner Majestät ist es nicht weit her. Hoffentlich wird dir jetzt klar, was man unter Wasser versteht», rief unser Hodscha und goß den Inhalt seiner Kappe in die Fluten.

NACH EINEM LANGEN FUSSMARSCH WAR UNSER Hodscha völlig erschöpft. «O Allmächtiger!» stöhnte er. «Wenn du mir doch einen Esel schicken wolltest! Ich wäre mit einem ganz klapprigen zufrieden! Ich brauchte dann den Rest des Wegs nicht mehr zu Fuß zurückzulegen.»

Während er so vor sich hin sprach, kam ein Krieger dahergeritten, der ein sechsmonatiges Eselsfüllen hinter sich her zog. Auf dieses Füllen deutend, sagte er zu unserem Hodscha, der im Schatten eines Baums ruhte: «Du lungerst hier faul herum, statt dich nützlich zu machen. Schau, dieses Füllen ist ermattet. Nimm es gefälligst auf den Rücken und trage es bis zum nächsten Dorf!»

Unser Hodscha wollte sich dagegen auflehnen und beteuern, daß er todmüde sei und ihm die eigenen Füße den Dienst versagten, aber ehe er zu Wort kommen konnte, zog ihm der Krieger mit der Peitsche eins über. So blieb unserem Hodscha keine andere Wahl, als sich das Eselsfüllen aufzuladen und vor dem Krieger herzuwanken, der ihn hin und wieder mit der Peitsche zu schnellerer Gangart antrieb. Noch bevor er das Dorf erreichte, brach unser armer Hodscha zusammen.

«Was bist du doch für ein Schlappschwanz!» sagte der Krieger, nahm ihm das Füllen ab und ritt weiter.

Nachdem der Hodscha wieder zu sich gekommen war, schleppte er sich, auf allen vieren kriechend, bis zum nächsten Baum, wo er den Blick zum Himmel hob: «O Allmächtiger! Möglicherweise ist mein zahnloser Mund daran schuld, daß du meinen Wunsch vorhin nicht deutlich vernehmen konntest. Ich wollte doch für mich einen Esel haben und nicht selber zum Tragtier werden!»

Der Hodscha legte eines Tages auf dem Friedhof seine Kleider ab, um sein Hemd von Läusen zu säubern. Da geschah es, daß ein heftiger Windstoß das Hemd wegblies. Der gute Hodscha lief dem forteilenden Hemd nach, wobei er mehrmals stolperte und zu Fall kam.

Plötzlich kamen einige Berittene des Wegs. Als sie auf dem einsamen Friedhof eine nackte Gestalt von Grabstein zu Grabstein springen sahen, erfaßte sie Furcht und ihre Pferde scheuten. Schließlich erkannten sie, daß sie einen Menschen vor sich hatten, und fielen über den Hodscha her, um ihn für diesen schlechten Scherz zu strafen.

«Was treibst du hier auf dem Friedhof, elender Tropf!» riefen sie entrüstet.

«Laßt mich in Frieden, liebe Leute!» entgegnete der Hodscha. «Ich gehöre zu den Bewohnern der Gräber und habe eigentlich nichts mehr auf der Welt zu suchen, die ich gerne für immer euch überlasse. Ich bin lediglich heraufgestiegen, um mein Bedürfnis zu verrichten, und werde sogleich wieder in meine Behausung hinabsteigen. Ich habe zu den Erdenbewohnern keine Beziehungen mehr und verbitte mir jede weitere Belästigung.»

So erreichte der Hodscha, daß die Berittenen von ihm abließen.

Als der Hodscha im Sterben lag, rief er seine Frau zu sich und sagte:

«Zieh dein schönstes Kleid an, richte dein Haar und verleihe deinem Antlitz den herrlichsten Glanz. Schmücke dich, meine Liebe, mit allem, was dir zu Gebote steht, und dann beglücke mich mit deiner Gegenwart!»

«Was mutest du mir zu, mein Gebieter?» erwiderte sie. «Wie könnte ich es fertigbringen, in dieser Stunde, da du so schwer leiden mußt, nach dem Schminktopf zu greifen? Hältst du mich für ein herzloses, pflichtvergessenes Weib? Ich opfere doch jede Minute für deine Pflege. Nein! Du verlangst Unmögliches von mir!»

«Plag dich doch nicht mit so unnützen Vorwürfen, liebes Weibchen», fuhr unser Hodscha fort. «Ich habe doch etwas ganz anderes im Sinn. Ich fühle, daß meine letzte Stunde nahe ist. Der Todesengel geht schon eine ganze Weile um mein Bett herum und dreht und windet sich. Wenn er dich in diesem herrlichen Kleid erblickt, engelschön, wie du bist, wird er, hoffe ich, entzückt von deinem leichten, stolzen Gang, der nur einem Pfau eignet, sich von mir abwenden. Er wird dich mitnehmen und so bleibe ich verschont. Siehst du nun, was ich eigentlich vorhabe, liebes Weibchen?»

Der guten Frau verschlug es die Sprache und sie sah völlig entgeistert unseren Hodscha an. Da ließ sich eine alte Frau, die ebenfalls an seinem Lager weilte, vernehmen:

«Der Tod sei fern von dir, verehrter Hodscha!» sagte sie. «Ich fürchte aber, du bleibst unverbesserlich bis zu deinem letzten Atemzug.»

Als unser Hodscha den Tod nahen fühlte, rief er seine Freunde zu sich. Nachdem er seinen letzten Willen kundgetan hatte, sprach er zu ihnen:

«Beerdigt mich an der höchsten Stelle des Friedhofs und stellt mich aufrecht ins Grab!»

Nach dem Grund eines solch wunderlichen Wunschs befragt, antwortete er:

«Wenn morgen der Tag des Jüngsten Gerichts anbricht und die Toten auferstehen, bin ich mit einem Sprung aus dem Grab.»

NICHTS FÜRCHTETE UNSER HODSCHA MEHR ALS den Tod. Wenn die Rede auf das Sterben und den Tod kam, pflegte er die Fassung zu verlieren. Das veranlaßte seine Freunde und Bekannten, dieses Thema zu meiden oder mit Scherzworten darüber hinwegzugehen.

Doch als es bei unserem Hodscha wirklich ans Sterben ging, überraschte er durch völliges Gefaßtsein und verbrachte, nachdem er sein Testament gemacht und den religiösen Pflichten genügt hatte, seine letzten Tage in fröhlichem, humorvollem Geplauder mit seinen Angehörigen, Freunden und Nachbarn. Einige von ihnen wunderten sich darüber.

«Früher hattest du eine schreckliche Angst vor dem Tod. Allein das Wort ‹Tod› ließ dich erstarren. Und jetzt bemerken wir an dir nicht das geringste Zeichen von Beunruhigung. Wie sollen wir uns dein verändertes Verhalten erklären?» fragten sie.

«Wenn ich damals so große Unruhe an den Tag legte, liebe Freunde, geschah es, weil ich bemüht war, nicht ans Sterben zu denken und die Stunde, die mich auf dieses Lager zwingen würde, möglichst lange hinauszuschieben. Ich hielt es nicht für nötig, mich vorzeitig auf das Sterben vorzubereiten und Vorkehrungen für das Jenseits zu treffen. Bei meinem letzten Atemzug finde ich noch genügend Zeit, für das Heil meiner Seele zu sorgen.»

Ein oder zwei Jahrhunderte nach dem Tod Nasreddins – Allahs Barmherzigkeit sei über ihm! – geschah es an einem Freitag, daß in dem Augenblick, da Tausende von Gläubigen sich anschickten, ihre Gebete zu verrichten, der Wächter im Grabmal des Hodscha in der großen Mitteltür der Moschee auftauchte und der versammelten Gemeinde verkündete, der Hodscha sei ihm erschienen.

«Ich bringe euch seltsame Kunde, Bürger von Akşehir», rief er. «Als ich die Gebetswaschungen vorgenommen hatte und die Tür zum Grabmal abschloß, um hierher zum Gottesdienst zu eilen, erblickte ich plötzlich unseren Hodscha auf dem Sarkophag. Er saß darauf wie einst auf seinem Esel. Nichts ist an ihm verändert. Er trägt noch dieselben Kleider wie früher, seine Züge strahlen Heiterkeit und Frohsinn aus und seine Gesten haben nichts von ihrer Komik eingebüßt. Es ist unser Hodscha, wie er leibt und lebt! Er sagte zu mir: ‹Geh hin in die Moschee von Akşehir und bestelle den dort versammelten Gläubigen, daß ich sie hier erwarte. Sie möchten unverzüglich aufbrechen. Wer es unterläßt, meinem Ruf zu folgen, gefährdet das Heil seiner Seele!›»

Die von der Frömmigkeit und der Tugend des Grabwächters überzeugten Gläubigen, denen das Andenken unseres Hodscha teuer war, zögerten nicht, den Gottesdienst abzubrechen und zum Grabmal des Hodscha zu eilen. Doch unser Hodscha war keineswegs auferstanden, und die vom

Grabwächter solchermaßen Gefoppten brachen in ein Gelächter aus.

«O du alter Schlingel», riefen sie, «du kannst es einfach nicht lassen, mit uns hin und wieder deine Späße zu treiben! Wir sehen daran, daß du dich zu uns bekennst und stets in unserer Mitte weilen willst.»

Hierauf sprachen sie zusammen das Totengebet und rezitierten die «Fatiha», wonach sie das Grabmal verließen, um unter Scherzen und Lachen in die Moschee zurückzukehren. Als sie dort eintrafen, merkten sie, daß sich während ihrer Abwesenheit die Kuppel der Moschee mit ihren Verzierungen gesenkt hatte, und sie sahen darin ein Wunder des Hodscha.